KB167399

_____ 학교 ____ 학년____반 _____ 의 책이에요.

신나는 **교과 체험학습** 시리즈 이렇게 활용하세요!

'체험학습'이란 책에서나 수업 시간에 배운 지식을 실제 현장에서 직접 경험해 보는 공부 방법이에요. 단순히 전시된 물건을 관람하거나 공연을 보는 것이 아니라 학습을 하기 전에 미리 필요한 정보를 조사하는 것까지를 포함한 모든 활동을 의미해요. 어떻게 공부할 것인지를 준비하면 그렇지 않은 경우보다 훨씬 더 많은 것을 보고 느끼게 되겠지요. 이 책은 체험학습을 하려는 어린이들에게 좋은 길잡이 역할을 할 거예요.

❶ 가기 전에 읽어 보세요

이 책은 체험학습 현장을 어린이들이 쉽게 이해할 수 있도록 풀이한 안내서예요. 어린이들이 직접 체험학습 현장을 찾아가는 데 필요한 정보가 들어 있어요. 체험학습 현장을 가기 전에 꼼꼼히 읽어 보세요.

❷ 현장에서 비교해 보세요

갯벌에 사는 여러 가지 동물과 식물, 갯벌의 특성 등에 관해 자세한 내용을 담았어요. 그리고 직접 체험해 볼 수 있는 장소들을 지역별로 소개했어요. 가기 전에 먼저 살펴보고 가면 더욱더 알찬 갯벌 체험이 될 거예요.

❸ 스스로 활동해 보세요

이 시리즈는 단지 지식을 전달하기 위한 교양서가 아니에요. 어린이 여러분이 교과서로 수업 시간에 배운 내용을 실제 현장에서 직접 체험하며 익힐 수 있도록 다양한 활동 내용을 담았지요. 책 중간이나 뒷부분에 이해를 돕기 위한 활동이 있으니 꼭 스스로 정리해 보세요.

❹ 견학 후 활동이 다양해요

체험학습 후에는 반드시 견학 후 여러 가지 활동을 해 보세요. 보고서 쓰기, 신문 만들기, 그림 그리기 등을 통해 체험학습에서 보고 들은 내용을 다시 한번 정리하면 알찬 체험학습이 될 거예요.

신나는 교과 체험학습 ④④

생명을 키워 내는 작은 우주 갯벌

초판 1쇄 발행 | 2007. 7. 16.
개정 3판 4쇄 발행 | 2023. 11. 10.

글·사진 손영운 | **그림** 김건표 오설희 정윤희

발행처 김영사 | **발행인** 고세규
등록번호 제 406-2003-036호 | **등록일자** 1979. 5. 17.
주소 경기도 파주시 문발로 197(우10881)
전화 마케팅부 031-955-3100 | 편집부 031-955-3113~20 | 팩스 031-955-3111

값은 표지에 있습니다.
ISBN 978-89-349-9658-3 64000
ISBN 978-89-349-8306-4 (세트)

좋은 독자가 좋은 책을 만듭니다. 김영사는 독자 여러분의 의견에 항상 귀 기울이고 있습니다.
전자우편 book@gimmyoung.com | 홈페이지 www.gimmyoungjr.com

어린이제품 안전특별법에 의한 표시사항

제품명 도서 **제조년월일** 2023년 11월 10일 **제조사명** 김영사 **주소** 10881 경기도 파주시 문발로 197
전화번호 031-955-3100 **제조국명** 대한민국 ⚠**주의** 책 모서리에 찍히거나 책장에 베이지 않게 조심하세요.

생명을 키워 내는 작은 우주

갯벌

글·사진 손영운 그림 김건표 오설희 정윤희

주니어김영사

차례

생명의 보물 창고, 갯벌에 가자!

물이 들어오면 바다가 되고 물이 빠지면 땅이 되는 신비로운 곳, 짱 뚱어와 칠게 · 낙지가 사는 곳, 우리들에게는 신나는 놀이터가 되고 어민 들에게는 삶의 터전이 되는 곳. 어디일까요? 바로 갯벌이에요.

갯벌은 모든 것을 보듬어 키워 내고 모든 것을 내주는 곳이기도 해 요. 아주 오래 전부터 작은 생명들을 키워 바다로 보내는 역할을 했지 요. 또 갯벌을 통해 바다 생물이 육지로 진화할 수 있었어요. 그런가 하 면 육지의 오염 물질을 분해하여 지구의 환경을 보호하는 거대한 정화 조 같은 곳이기도 하답니다.

그런데 요즈음 갯벌이 많이 아파요. 갯벌을 메운 땅에 공장이 들어서 고, 관광지가 만들어지는 등 사람들의 욕심 때문에 몸살을 앓고 있어요. 이렇게 눈앞의 이익만 생각하면서 갯벌을 보호하지 않으면 우리의 삶도 머지 않아 위협받게 될지 몰라요.

따라서 지금부터라도 갯벌의 소중함을 깨닫고 보호하는 데 힘써야 해 요. 그러려면 먼저 갯벌이 어떤 곳인지 알아야겠지요? 저녁노을을 받아 붉게 물든 바다 위로 힘차게 뛰어오른 숭어와 짱뚱어, 바지락, 갯지렁이 들이 꼬물꼬물 살아 움직이는 드넓은 갯벌로 뜻깊은 여행을 떠나요.

그럼 갯벌 체험을 시작해 볼까?

갯벌에 가기 전에

물때표 보기

어부들이나 낚시꾼들이 바다에 나갈 때 꼭 보는 표가 있어요. 바로 물때표예요. 물때표란 밀물과 썰물이 들고 나는 때를 적은 표인데, 다른 말로는 조석 예보표라고도 해요. 갯벌은 썰물 때에만 볼 수 있으므로 물때표를 보고 언제가 썰물 때인지를 알아야 한답니다. 물때표를 확인하지 않고 가면 바닷물이 꽉 찬 바다만 보고 하릴없이 돌아와야 할지도 모르니 꼭 확인하고 가세요.

어디 가면 볼 수 있나요?
국립 해양 조사원 홈페이지 www.khoa.go.kr에 가서 〈스마트 조석예보〉 메뉴를 클릭하세요.

어떻게 보나요?
시간별 괄호 안의 숫자는 바닷물 높이를 센티미터 단위로 나타낸 거예요.

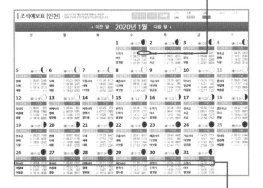

언제 가면 되나요?
표에서 물의 높이가 '저'일 때 앞뒤로 1~2시간이 가장 좋아요.

무엇을 준비할까요?

- 바다는 햇볕이 센 곳이에요. 반드시 모자를 쓰고, 자외선 차단 크림을 바르고 가야 해요.(3시간에 한 번씩 발라요.) 땀이 많이 날 것을 대비해 마실 물도 꼭 준비해요.
- 간단한 상처를 치료할 수 있도록 일회용 밴드와 항생제 연고를 준비해요.
- 생물을 관찰할 때 돋보기가 있으면 좋아요. 관찰한 것을 기록할 공책과 필기구도 준비해요. 그리고 갯벌 생물 도감을 꼭 챙기세요. 안 그러면 무슨 생물인지 알기 어려우니까요.
- 갯벌의 땅속에 있는 생물을 관찰할 때는 모종삽이나 호미가 있으면 좋아요. 하지만 생물이 다치지 않도록 조심해야 돼요.

옷차림

- 갯벌의 주인은 사람이 아니라 조개, 게, 지렁이, 새와 같은 생물들이에요. 따라서 생물들, 특히 새들이 겁내는 화려한 색의 옷차림은 피해요. 또 진흙은 물이 들 수 있으므로 흰색 옷도 피하는 게 좋아요. 물에 젖을 수 있으니 옷은 두 벌 정도 준비해요.
- 신발은 갯벌의 종류에 따라 준비해요. 진흙이나 모래 갯벌은 샌들, 암반 갯벌은 운동화가 좋아요.

갯벌이
궁금해요!

물때표도 확인했고, 모자도 단단히 눌러썼고, 돋보기도 챙겼으니 이제 갯벌로 가야겠지요? 그런데 막상 떠나려고 하면 조금 두렵고 막막할 거예요. 그래서 준비했어요. 갯벌에 관해 궁금한 모든 것! 갯벌은 누가 만들었고, 어떤 곳에 잘 만들어지는지, 또 갯벌에는 어떤 종류가 있는지 지금부터 자세히 알아보도록 해요.

해국

밤게

칠면초

갯벌 체험, 이것만은 꼭 지켜요!

- 갯벌에서는 밀물이 들어오기 시작하면 빨리 나와야 해요. 물이 들어오는 속도는 생각보다 훨씬 빠르답니다.
- 갑자기 안개가 끼면 물이 들어오는 시간에 상관없이 곧바로 갯벌에서 나와야 해요.
- 갯벌에 갯골이 있으면 넘어가지 말아야 해요. 밀물이 들어오면 물이 갯골부터 차오르기 때문에 빠져나오기 어려워져요.
- 갯벌에서는 한곳에서 오래 서 있으면 발이 깊이 빠질 수 있어요. 따라서 자리를 자주 옮기고, 앞발에 힘을 주어 걷는 것이 좋아요.
- 갯벌 생물은 되도록 만지지 말고 눈으로 보거나 관찰만 하도록 해요. 관찰하기 위해 부득이 채집을 했다면 잘 살펴본 뒤 다시 갯벌로 돌려보내 주세요.
- 쓰레기는 반드시 가져오도록 해요. 갯벌 생물들에게 피해를 줄 수 있으니까요.

어떤 곳을 갯벌이라고 하나요?

갯벌은 밀물 때는 바닷물에 잠겨 있다가 썰물 때 넓은 땅이 드러나는 곳 중에서 바닥이 모래와 진흙, 바위나 돌멩이로 이루어진 평평한 지형이에요. '갯벌'에서 '갯'은 '갯가', 즉 바닷가를 의미해요. 그리고 '벌'은 '넓은 들'을 뜻하는 우리말이지요. 옛날 삼국 시대에 계백 장군과 김유신 장군이 최후의 전투를 벌였던 황산의 넓은 곳을 황산벌이라고 하잖아요? 그렇듯이 '갯벌'에는 '바닷가에 넓게 펼쳐진 들'이라는 뜻이 담겨 있답니다.

갯벌은 지구에 사는 생물들에게 매우 소중한 땅이에요. 바다 생물들이 갯벌을 통해 육지 환경에 적응하는 연습을 할 수 있었고, 그 덕분에 다양한 생물들이 육지 곳곳에 퍼져 살 수 있게 되었지요.

'갯벌'이 순우리말 이름!

가끔 갯벌 대신 개펄이라는 말을 쓰곤 해요. 이때 펄은 입자가 아주 가는 진흙을 뜻해요. 그러니까 개펄은 가는 진흙으로 이루어진 곳 이지요. 그런데 개펄과 달리 갯벌은 진흙으로만 된 곳이 아니에요. 모래와 자갈도 많이 섞여 있어요. 따라서 개펄과 갯벌을 구별하지 않고 혼동해서 쓰는 것은 알맞지 않아요. 갯벌을 가리키는 말로 간석지(干潟地)라는 한자어를 쓰기도 하는데, 이것은 일제 강점기때 조석 간만의 차에 따라 드러난 땅을 가리키는 말로 썼던 거예요. 그것이 지금까지 남아 있는 것이지요. 그러니까 순우리말인 '갯벌'로 통일해서 쓰도록 해요.

여기서 잠깐! 생물의 진화 과정을 살펴보아요!

다음은 갯벌에 사는 동물의 사진이에요. 바닷물고기와 육지 파충류의 특징을 모두 지닌 이 동물은 바다 생물이 어떻게 육지 생물로 진화해 왔는지를 잘 보여 준답니다. 이 동물의 이름은 무엇일까요? ( )

특징

① 가슴지느러미를 발처럼 이용해 옮겨 다녀요. 썰물 때는 갯벌을 기어 다니며 먹이를 먹고, 밀물 때는 굴을 파고 그 속에 숨어 살아요.

② 공기 호흡을 할 수 있어서 육지와 바다를 오갈 수 있고, 물이 없어도 오래 견딜 수 있어요.

☞정답은 56쪽에

도움말 망둥어와 비슷하게 생겼어요.

누가 갯벌을 만들까요?

갯벌을 만드는 데에는 주연과 조연이 있답니다. 주연은 밀물과 썰물을 일으키는 달과 태양이고, 조연은 갯벌의 넓은 땅을 만드는 강과 시간이에요. 이들은 지금도 전 세계 바다에서 갯벌을 만들고 있지요. 그럼 어떻게 만드는지 살펴볼까요?

달과 태양이 바닷물을 끌어당겨요

먼저 달과 태양의 역할을 살펴보아요. 다음 사진을 보세요. 같은 장소에서 1시간 간격으로 찍은 거예요.

우아, 모세의 기적처럼 바다가 갈라졌네!

바다 건너 멀리 보이는 섬은 누에섬이에요. 바닷물이 빠지면 길이 드러나 육지와 연결되지요.
누에고치를 닮아서 누에섬이라고 불려요.

섬으로 가는 길이 바닷물에 잠겨 있다가 어느새 쑥 빠져나가 길이 드러났지요? 그럼 누가 바닷물을 움직였을까요? 그래요. 바로 달과 태양이랍니다.

달과 태양 중 누가
지구를 더 세게 끌어당길까?
정답은 달이에요. 태양이 달보다
질량이 커서 달보다 더 큰 힘으로
끌어당길 것 같지만 그렇지 않아
요. 달이 태양보다 지구에 훨씬 가
까이 있어서 태양보다 더 큰 힘으
로 지구를 끌어당긴답니다.

지각
지구의 바깥쪽을 차지하는
부분. 즉 땅껍질을 뜻해요.

인력
물체끼리 서로 끌어당기는
힘이에요.

원심력
원운동하는 물체에 작용하는
힘으로 원의 바깥쪽으로 나
가려고 하는 힘이에요.

지구와 달 사이, 지구와 태양 사이에는 만유인력이라는, 서로 끌어당기는 힘이 작용하고 있어요. 이 힘 때문에 지구가 태양을 중심으로 돌고, 달이 지구를 중심으로 도는 것이지요. 이때 지구가 달을 끌어당기는 힘은 달이 지구를 끌어당기는 힘과 같아요. 또 지구가 태양을 끌어당기는 힘과 태양이 지구를 끌어당기는 힘도 같지요.

그런데 지구 표면을 덮고 있는 바닷물은 단단한 **지각**보다 훨씬 부드럽게 움직여서 달과 태양의 **인력**에 쉽게 끌려가요. 다시 말해서 달과 태양이 끌어당기는 힘에 따라 왔다 갔다 하지요. 이때 달과 태양에 의해 바닷물이 많이 모이는 곳에 밀물이, 바닷물이 빠져나가는 곳에 썰물이 일어나는 거예요.

그런데 아래 그림을 보면 달을 등진 반대편에서도 달을 마주한 곳과 똑같이 밀물이 생기지요? 왜 그럴까요? 그것은 만유인력 외에 **원심력**이라는 또 다른 힘이 작용하고 있기 때문이에요.

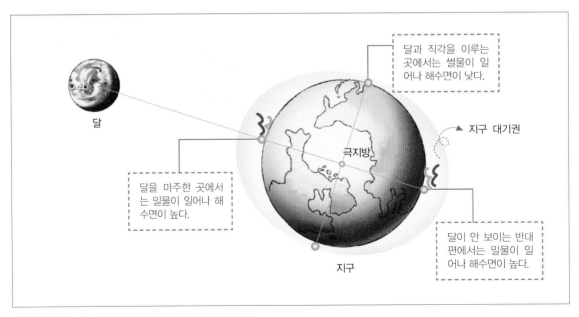

달이 끌어당기는 힘 때문에 바다에서 밀물과 썰물이 일어나요.

밀물이 생기게 하는 힘을 기조력이라고 하는데, 이것은 만유인력과 원심력의 차이를 나타내는 힘이에요. 달과 마주한 곳에서는 만유인력이 원심력보다 크고, 그 반대편에서는 원심력이 만유인력보다 커요. 그러므로 달과 마주한 곳에서는 만유인력의 작용에 따라, 그 반대편에서는 원심력의 작용에 따라 각각 밀물이 생기지요.

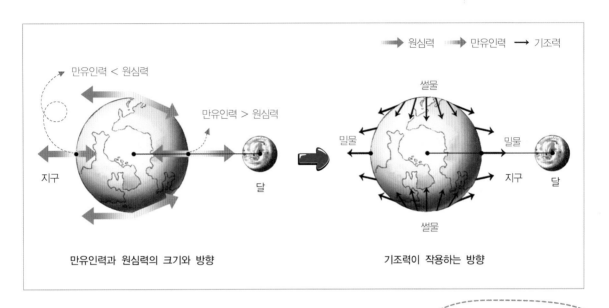

만유인력과 원심력의 크기와 방향 / 기조력이 작용하는 방향

이 두 힘은 밀물이나 썰물이 하루에 두 번 생기게 하는 원인이기도 해요. 우리나라를 예로 들어 볼게요. 지구가 하루에 한 번 자전을 하므로 우리나라는 하루동안 한 번은 달을 마주하고, 또 한 번은 달과 반대편에 있게 돼요. 그런데 달을 마주한 곳과 반대편에 모두 밀물이 일어나기 때문에 달을 마주하고 있을 때 한 번, 반대편에 있을 때 한 번, 그렇게 두 번의 밀물이 생기는 거지요. 썰물이 생기는 원리도 마찬가지예요.

조석 주기는 평균 12시간 25분!

밀물 때 바닷물의 높이가 가장 높을 때를 만조, 썰물 때 바닷물의 높이가 가장 낮을 때를 간조라고 해요. 그리고 만조에서 다음 만조까지 또는 간조에서 다음 간조까지의 시간을 조석 주기라고 하지요.

조석 주기는 평균 12시간 25분이에요. 하루의 반이면 12시간인데, 왜 25분이 더 걸릴까요? 지구와 달은 각각 자전과 공전을 해요. 이때 두 천체가 움직이는 방향과 속도는 서로 다르지요. 그러다 보니 각 천체가 움직인 거리에도 차이가 생겨서 약 25분의 시간이 더 걸리는 거랍니다.

바닷가에서 생활하는 사람들은 만조와 간조 때를 참고해 배를 출항시키거나 갯벌에서 해산물을 채취할 시간을 정해. 그래서 조석 주기가 아주 중요하지. 바다의 시계라고나 할까!

그런데 만조와 간조 때 바닷물의 높이 차이를 비교해 보면 일정하지 않고 늘 달라요. 이것을 조차라고 하는데, 조차는 달과 태양의 위치에 따라 달라져요. 달과 태양이 같은 방향으로 나란히 놓일 때 조차가 가장 크고, 달과 태양이 직각으로 놓일 때 조차가 가장 작아요. 조차가 가장 클 때를 사리, 조차가 가장 작을 때를 조금이라고 하지요.

아래 그림을 보면 달과 태양, 지구의 위치에 따라 나타나는 **조석**을 한눈에 살펴볼 수 있어요.

조석
밀물과 썰물에 따라 바닷물의 높이가 주기적으로 오르내리는 현상을 가리켜요.

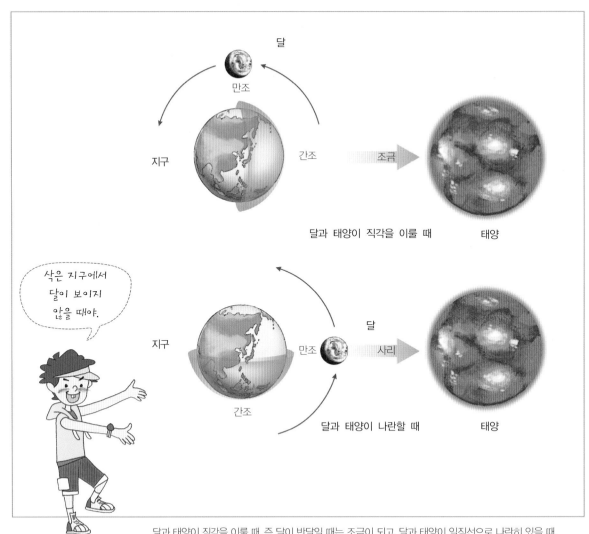

달과 태양이 직각을 이룰 때, 즉 달이 반달일 때는 조금이 되고, 달과 태양이 일직선으로 나란히 있을 때,
즉 달이 보름달이거나 삭일 때는 사리가 돼요.

강물이 퇴적물을 가지고 와요

이번에는 강물의 역할을 살펴보아요. 갯벌을 이루려면 진흙이나 모래, 작은 자갈 등이 많아야 해요. 이들을 운반하는 것이 바로 강물이지요. 우리나라의 경우 한강이나 금강 등 큰 강들이 모두 서해로 흘러요. 그래서 특히 서해에 갯벌이 잘 발달했답니다.

1년에 약 5천만 톤의 퇴적물이 서해 연안으로 흘러 들어오는데, 해마다 평균 3~5밀리미터가 쌓여요. 그리고 중국의 황허강에서 흘러 들어온 퇴적물(1년에 약 10억 톤) 가운데 약 10퍼센트도 서해로 흘러 들어와 갯벌을 만드는 데 도움을 줘요.

여기서 잠깐!

조석 주기를 계산해 보세요.

조석 주기가 평균 12시간 25분이므로 하루가 지나면 만조나 간조 시간에 약 50분의 차이가 생겨요. 만일 오늘 오전 7시 30분에 만조였다면 내일은 몇 시에 만조가 될까요?

(   )

① 오전 7시 30분경
② 오전 8시 20분경
③ 오후 6시 10분경
④ 오후 9시 50분경

도움말 9쪽의 내용을 참고하세요.
☞ 정답은 56쪽에

오랜 시간이 필요해요

강물과 바닷물에 실려 온 흙과 모래는 오랫동안 아주 조금씩 쌓여요. 1년에 쌓이는 양이 겨우 1센티미터에 불과하지요. 그러니까 갯벌은 단순히 흙이 쌓인 것이 아니라세월이 차곡차곡 쌓인 것이라고 할 수 있어요.

우리나라의 서해안 갯벌도 수천 년의 세월에 걸쳐 오늘날의 모습을 이룬 거예요. 5~8천 년의 세월이 걸렸을 것으로 짐작하지요.

이렇게 어마어마한 세월이 켜켜이 쌓여 있는 갯벌이 사라진다면 회복하는 데에도 그만큼의 시간이 걸릴 거예요. 그러니까 함부로 갯벌을 없애거나 훼손해서는 안 되겠지요?

피부에도 좋은 갯벌의 진흙!

갯벌을 덮고 있는 아주 미세한 진흙을 영어로 머드(mud)라고 해요. 최근 이 진흙이 피부에 좋다고 해서 화장품 원료로 쓰이곤 하지요.

해안에 쌓이는 갯벌의 진흙은 오랜 세월 동안 육지의 암석이 침식과 풍화 작용을 거쳐 강물에 녹아 해안으로 온 거예요. 그런데 여기에 피부에 좋은 게르마늄과 벤토나이트 성분이 많이 포함되어 있어요. 특히 우리나라 충청남도 보령의 갯벌에 이런 성분이 많은데, 세계적으로 유명한 이스라엘의 사해 머드보다 우수하다고 해요. 그래서 보령에서 열리는 머드 축제에 많은 외국인들이 모여든답니다.

갯벌은 어떤 곳에 잘 만들어질까요?

갯벌이 잘 만들어지려면 그에 알맞은 환경을 갖추어야 해요. 우리나라 서해안을 비롯해 세계적으로 유명한 갯벌들을 보면 몇 가지 공통점이 보여요. 첫째, 만조와 간조의 조차가 커요. 둘째, 지형이 평평해 육지에서 흘러온 퇴적물이 잘 쌓여요. 셋째, 주위에 큰 강이 있어서 많은 양의 퇴적물을 꾸준히 실어 나르지요. 그러면 이런 특징을 보이는 세계의 주요 갯벌들을 살펴볼까요?

세계의 주요 갯벌

유럽 북해 연안
모래가 많은 갯벌로 네덜란드, 독일, 덴마크 해안에 발달해 있어요. 독일은 이 가운데 3분의 2를 차지하고, 모든 갯벌을 국립 공원으로 지정했어요.

캐나다 동부 연안
대서양 연안을 따라 발달해 있어요. 해안선을 따라 무려 5천5백 킬로미터에 이르지요.

한국 서해안
펄, 모래, 암반 갯벌이 다양하게 나타나요. 조차가 크고 지형이 완만해 넓고 큰 갯벌이 발달해 있지요. 갯벌의 넓이는 남한이 약 2,900제곱킬로미터, 북한이 약 3,200제곱킬로미터에 이르러요. 이 중 남한의 갯벌은 40퍼센트 정도가 이미 간척이 이루어졌거나 진행 중이에요.

미국 동부 조지아 연안
미국 대서양 연안에 걸쳐 있는 습지예요. 강 하구나 만 주변에 널리 퍼져 있는데, 아열대 지역의 맹그로브 숲이 발달한 갯벌이 보여요.

아마존 하구 연안
삼각주 형태로 발달해 있어요. 모래가 대부분이고 계절에 따라 지형의 변화가 심해요. 8미터에 이르는 큰 조차와 강에서 흘러 들어오는 막대한 양의 흙과 모래로 아주 큰 하구 갯벌이 발달했지요.

세계적인 갯벌, 서해안

우리나라에는 히말라야 산이나 아마존 강처럼 세계적으로 이름난 산이나 강은 없어요. 하지만 서해안의 갯벌만큼은 전 세계적으로 자랑할 만한 희귀한 자연 환경이에요. 세계 5대 갯벌에 속할 정도로 유명하지요. 그러면 갯벌이 발달한 서해안 지역들을 살펴보고, 그곳에 갯벌이 발달한 이유를 자세히 알아보아요.

서해안 갯벌의 지리적 위치

서해안의 갯벌은 우리나라 서쪽 지역에 고루 분포해 있어요. 인천과 경기도, 충청남도, 전라북도, 전라남도 일대에 해당하지요.

동해안에는 왜 갯벌이 발달하지 못했을까?

첫째, 조차가 작기 때문이에요. 동해안의 조차는 최대 약 30센티미터에 불과해요. 남해안의 조차가 1~2미터에 이르는 것과 비교하면 아주 작은 수치이지요.

둘째, 우리나라의 강은 주로 동쪽에서 서쪽으로 흘러요. 그래서 동해에는 갯벌을 이룰 만큼의 퇴적물이 쌓이지 못한답니다.

인천·경기 갯벌

강화 갯벌을 비롯해 인천 갯벌, 시화 갯벌, 남양 갯벌 등이 있어요. 인천 갯벌은 쓰레기 매립과 공단 건설로, 시화 갯벌은 시화호와 공단 건설로, 남양 갯벌은 대규모 방조제 사업으로 점차 사라지고 있어요.

충청남도 갯벌

대호 갯벌, 가로림만 갯벌, 천수만 갯벌, 장항 갯벌 등이 대표적이에요. 석문 방조제, 삽교 방조제, 서산 방조제 등이 생기면서 절반이 넘는 갯벌이 사라지고 말았어요.

전라북도 갯벌

새만금 방조제를 건설한 뒤로 딱딱한 모래 갯벌이었던 곳이 진흙 성분이 많아지는 등 갯벌 환경이 변하고 있어요. 또한 새만금 간척 사업이 진행되면서 우리나라에서 가장 큰 갯벌 가운데 하나가 사라지게 되었답니다.

전라남도 갯벌

이 지역의 갯벌은 섬이 많아서 참 아름다워요. 하지만 크고 작은 간척 사업으로 위기를 맞고 있어요.

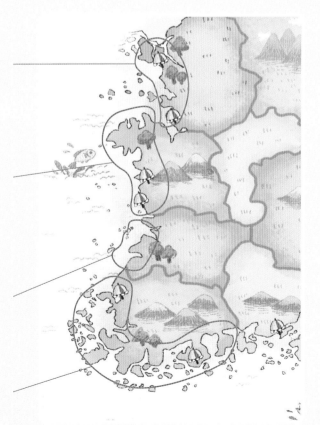

서해안에 갯벌이 발달한 이유

세계적으로 보면 네덜란드, 독일, 덴마크 해안에 발달한 북해 연안 갯벌이 가장 넓어요. 모두 합치면 9천 제곱킬로미터에 이르지요. 그런데 우리나라도 남한과 북한을 합치면 무려 6천 제곱킬로미터가 넘어요. 단일 국가로 이렇게 큰 규모의 갯벌이 발달한 나라는 우리나라뿐이지요. 그러면 이렇게 서해안에 갯벌이 발달한 이유는 무엇일까요?

하나 3미터가 넘는 대조차 환경

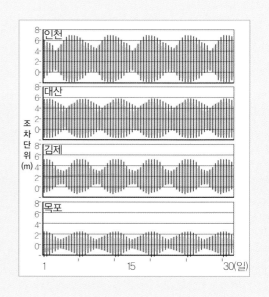

서해안은 갯벌이 발달한 다른 곳에 비해서도 조차가 매우 커요. 3~9미터에 이르는데, 이것은 세계적으로 흔하지 않은 값이랍니다. 이렇게 조차가 큰 환경을 '대조차 환경'이라고 해요. 갯벌은 이런 환경에서 아주 잘 만들어져요.

오른쪽 그림을 보면 남쪽의 목포보다 북쪽의 인천이 조차가 커요. 그에 따라 인천 지역의 갯벌이 목포 지역의 갯벌보다 규모가 크다는 것을 알 수 있지요.

조류의 영향을 많이 받는 것도 서해안에 갯벌이 발달한 이유 중 하나야. 조류는 밀물과 썰물 때문에 일어나는 바닷물의 흐름이지.

둘 북쪽이 막혀 있는 지형

조차가 클수록, 강이 많이 지날수록, 또 바다 쪽으로 지형이 평평할수록 큰 갯벌이 만들어진다고 했지요? 우리나라 서해는 여기에다 한쪽이 육지로 막힌 바다라는 특징이 하나 더 있어요.

달과 태양이 끄는 힘에 따라 황해로 들어온 물은 북쪽으로 올라가다가 북쪽 지형에 막혀 더 이상 흘러가지 못해요. 그곳에 진흙이나 모래 등이 층층이 쌓여 갯벌을 이룬 거지요.

셋 황해의 얕은 수심

우리가 서해라고 부르는 바다는 황해의 동쪽, 우리나라의 서쪽에 있는 바다예요. 그리고 황해는 우리나라와 중국 사이의

바다 전체를 가리키는 말로, 한반도 총면적의 약 2배에 이르지요. 전체적으로 북쪽은 육지로 둘러싸여 있고, 남쪽은 동중국해와 연결되어 있는데, 평균 깊이(수심)가 44미터 내외에 불과해요. 동해의 평균 수심이 약 1,500미터에 이르는 것에 비하면 얼마나 얕은지 잘 알 수 있지요. 이때문에 퇴적물이 쉽게 쌓여서 갯벌이 잘 발달했답니다.

넷 풍부한 영양분으로 이루어진 생태계

서해안의 갯벌에는 영양 염류* 등 유기물질*이 풍부해서 많은 종의 해양 미생물이 깃들여 살고 있어요. 이 미생물을 짱뚱어나 게, 조개들이 먹고 자라지요. 그리고 다시 이 바다 동물들을 먹기 위해 철새들이 몰려들어요.

서해안 갯벌은 이렇게 풍부한 영양분을 바탕으로 다양한 갯벌 생태계를 이루고 있답니다.

색이 짙을수록 수심이 깊은 지역이에요. 우리나라의 서해안과 남해안은 20~40미터로 수심이 매우 낮은 반면, 동해안은 해안 쪽 수심이 120미터, 평균 수심은 1,500미터가 넘을 정도로 매우 깊어요.

*영양 염류 : 생물이 살아가는 데 필요한 염류로, 식물 플랑크톤이나 바닷말의 몸체를 이루는 요소예요.
*유기물질 : 갯벌에 사는 동물이나 미생물의 먹이가 되는 물질이에요.

우리나라 갯벌은 전 세계 철새들의 이동경로라고 할 수 있어!

다양한 생물이 어울려 사는 갯벌 생태계

갯벌에도 종류가 있다고요?

갯벌에도 종류가 있다는 사실, 알고 있나요? 학자들마다 분류하는 방법이 조금씩 다르기는 하지만 대개 어떤 종류의 토양을 많이 포함하고 있느냐에 따라 진흙 갯벌, 모래 갯벌, 암반 갯벌로 나누어요. 그럼 각각의 갯벌들에 대해 살펴봐요.

여기서
잠깐!

나는 누구일까요?

약간 딱딱한 진흙 갯벌 위쪽에 무리 지어 살아요. 암컷은 몸집이 작고 두 집게다리의 크기가 같아요. 반면 수컷은 한쪽 집게다리가 50밀리미터 정도로 커서 한눈에 알아볼 수 있어요. 나는 누구일까요?

(   )

☞ 정답은 56쪽에

질퍽질퍽한 진흙 갯벌

우리나라에 가장 많은 갯벌이 바로 진흙갯벌이에요. 갯벌 하면 가장 쉽게 떠오르는 모습이기도 하지요. 진흙 갯벌은 진흙이 90퍼센트 이상, 모래가 10퍼센트 이하인 갯벌을 말해요. 주로 강의 하구에 잘 발달하지요. 경사가 완만한 곳에 잘 만들어지므로 갯벌의 폭이 매우 넓어요. 어떤 곳은 해안에서 5킬로미터 넘게 펼쳐져 있답니다.

흙 갯벌에 사는 동물들

밤게
모양이 둥그렇고 등이 볼록해서 밤톨처럼 보여요. 대개 갯벌 만조선 아래의 모래나 진흙 바닥에 사는데, 행동이 매우 느리지요. 다른 게와 달리 옆으로 걷지 않고 집게다리를 비스듬히 들고 앞으로 걸어요.

동죽
갯벌의 얕은 곳에 집을 짓고 살아요. 조금만 땅을 파면 쉽게 볼 수 있지요. 조간대의 모래나 진흙이 많은 곳에 떼 지어 살아요. 진흙에 구멍을 파고 들어가서 떠돌아다니는 작은 유기물을 먹어요.

바지락
원래 이름은 '바지라기'인데, 줄여서 '바지락'이 되었어요. 우리나라 사람들이 반찬으로 가장 많이 먹는 조개로, 모래나 진흙·자갈이 조금 섞인 갯벌에서도 잘 자라요.

진흙 갯벌은 흙 알갱이의 크기가 매우 작아서 산소나 물이 갯벌 깊숙이 들어가기가 어려워요. 그래서 이곳에 사는 동물들은 대부분 갯벌 바닥에 구멍을 내지요. 이 구멍을 통해 산소와 바닷물, 바닷물에 녹아 있는 유기물 등을 공급받아요. 구멍을 파지 않는 동물들은 몸에서 긴 관을 내어 바닷물이 몸속으로 들어오게 하지요.

그런가 하면 진흙 갯벌에 사는 식물들은 모두 짠소금물에 잘 견뎌요. 이런 식물을 염생 식물이라고 하는데, 거머리말 종류, 칠면초, 해홍나물, 갈대 등이 대표적이에요. 염생 식물은 해안에서 육지까지 자라는 위치에 따라 바닷물에 적응하는 정도가 달라요. 거머리말 종류는 바닷물이 들락거리는 곳에서도 잘 자라지만, 갈대는 바닷물에서 멀찌감치 떨어진 곳에서 자란답니다.

갯벌에 구멍을 내는 또 다른 이유?
새나 사람 같은 적에게서 몸을 피하기 위해서예요. 또 피부의 물기가 마르지 않게 하려는 거지요. 구멍 속은 시원하고 물기가 많아서 썰물 때 뜨겁게 내리쬐는 햇볕을 피할 수 있고, 몸도 축축하게 유지할 수 있답니다.

진흙 갯벌에 사는 식물들

갯잔디
모래땅이나 진흙, 바닷물에 잠기거나 잠기지 않는 곳 등을 가리지 않고 어디에서나 잘 적응해 살아요. 진흙 갯벌에서 흔히 볼 수 있어요.

칠면초
빛깔이 푸른빛에서 붉은빛으로 변하는 것이 칠면조를 닮았다고 해서 붙은 이름이에요. 봄에 줄기가 부드러울 때 어린 순을 뜯어서 나물로 먹어요.

방석나물
잎이 길쭉하고 잎의 단면은 홀쭉한 반원 모양을 하고 있어요. 방석처럼 옆으로 퍼져 자라는 모습 때문에 이런 이름이 붙었어요.

까슬까슬한 모래 갯벌

여름 방학이 되고, 부모님들이 직장에서 휴가를 받으면 동해로, 서해로, 남해로 신나는 해수욕을 떠나지요? 이때 가장 많이 가는 곳이 하얀 모래밭이 펼쳐진 해수욕장이에요. 그런데 사실 알고 보면 그곳이 바로 모래 갯벌이랍니다.

모래 갯벌은 갯벌을 이루는 성분이 대부분 모래이고, 모래 알갱이의 평균 크기가 지름 0.2~0.7밀리미터인 곳이에요. 바닷물의 흐름이 진흙 갯벌보다는 비교적 빠른 곳에 잘 발달하지요. 그래서 해안의 경사가 급하고 갯벌의 폭이 좁은 것이 특징이랍니다. 보통 1킬로미터 정도의 폭을 이루지요.

그런가 하면 진흙 갯벌에 비해 유기물질의 **함량**은 더 적어요. 그래서 모래 갯벌에는 갯벌에 딱 붙어 진흙을 먹고 사는 동물보다, 재빨리 옮겨 다니며 먹이를 구하는 동물이 더 많아요. 그리고 바닷물에 휩쓸려 가지 않기 위해, 또 적에게서 자신을 보호하기 위해 모래 속에 파묻혀 사는 경우가 많답니다.

🦀 **함량**
물질이 지닌 양을 뜻해요.

모래 갯벌에 사는 동물들

집게
따로 집을 짓지 않고 작은 고둥의 껍데기 속에 몸의 한쪽을 넣고 생활해요. 갯벌을 걸어다니다가 위험을 느끼면 온몸을 껍데기 속에 넣고 숨어 버려요.

맛조개
둥글게 생긴 보통 조개와 달리 긴 원통 모양을 하고 있어요. 마치 대나무처럼 보여요. 다 자라면 갯벌에 30~60센티미터 깊이의 동그랗고 길쭉한 구멍을 파고 살아요.

왕좁쌀무늬고둥
조개류나 게 등의 죽은 시체를 먹기 때문에 갯벌 생물의 시체 주변에서 쉽게 볼 수 있어요. 껍데기 표면에는 좁쌀처럼 작은 알갱이들이 있어요.

식물은 진흙 갯벌보다 조금 더 다양하게 분포해요. 대표적인 식물로는 갯질경이, 해당화, 모래지치 등이 있지요. 이들은 육지의 식물과 다른 특징을 보이는데, 비교적 키가 작다는 거예요. 하지만 뿌리는 줄기에 비해 매우 길고 땅속에 깊이 박혀 있어요. 모래 갯벌에 부는 거센 바닷바람에 뿌리가 뽑히지 않게 하려고 그런 거지요.

주어진 환경에 최선을 다해 적응하려 애쓰는 모래 갯벌 식물들의 지혜가 정말 놀랍지?

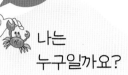
여기서 **잠깐!**

나는 누구일까요?

모래 갯벌의 윗부분에 살아요. 굵은 땅속줄기가 옆으로 2미터 정도 뻗으며 자라는데, 줄기는 땅 위로 뻗거나 다른 물체를 감고 올라가지요. 꽃은 5~7월에 핀답니다. 나는 누구일까요? (   )

도움말 꽃 모양이 나팔꽃을 닮았어요.

☞ 정답은 56쪽에

모래 갯벌에 사는 식물들

갯질경이
바닷물이 들어오는 지역에서부터 바닷물이 닿지 않는 지역까지 넓게 자라요. 소금기를 몸에 쌓아 두는 염생 식물로, 뿌리보다는 줄기와 잎에 많이 저장해요.

해당화
바닷가 모래땅이나 근처 숲에서 볼 수 있어요. 줄기에는 가시와 털이 많고, 잎맥을 따라 깊은 주름이 있으며, 뒷면에는 털이 빽빽해요. 바닷가의 짠 소금기로부터 잎을 보호하기 위해서지요.

모래지치
바닷가 모래땅에서 자라요. 잎은 흰 털로 덮여 있어서 잎 색깔이 연한 연둣빛으로 보여요. 바닷가에 사는 다른 식물들처럼 잎이 두꺼워요.

울퉁불퉁한 암반 갯벌

부드러운 진흙이나 하얀 모래는 없고, 온통 바위와 돌멩이만 잔뜩 있는 갯벌을 보고 실망한 적이 있을 거예요.

맨발로 다녔다가는 발바닥이 아프고 다칠 수도 있어서 이곳에 갈 때는 반드시 운동화를 준비해야 하지요. 어디냐고요? 바로 암반 갯벌이에요.

암반 갯벌은 말 그대로 갯바위나 돌멩이로 덮여 있는 갯벌이에요. 이렇게 바위로 이루어진 곳도 갯벌의 한가지랍니다.

암반 갯벌에 사는 동물들은 주로 바위에 붙어서 살아요. 진흙 갯벌이나 모래 갯벌에 비해 적의 눈에 띄기 쉽고, 추위나 더위에도 그대로 드러나기 때문이에요. 또한 강한 파도에 휩쓸려 갈 수도 있지요. 이 때문에 몸에서 석회질을 분비해 두껍고 딱딱한 껍데기를 만들어서 바위에 단단히 붙어 사는 거랍니다.

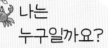

나는 누구일까요?

암반 갯벌 만조선 부근의 바위나 돌 위에 모여 살아요. 죽은 생물이나 바위 위에 버려진 음식 쓰레기 등을 먹어서 바닷가의 청소부로 불리지요.
나는 누구일까요? (   )

도움말 머리에 2개의 더듬이가 있어서 사람의 기척이 나면 재빨리 도망칠 수 있어요.

☞ 정답은 56쪽에

암반 갯벌에 사는 동물들

따개비
바닷가 바위나 말뚝, 배 밑에 붙어서 살아요. 딱딱한 석회질 껍데기로 덮여 있어요. 물이 들어오면 촉수를 내밀어 먹이를 잡아먹지요.

굴
서해안에 많이 있어요. 바닷가 조간대의 바위나 조개껍데기, 말뚝 등에 붙어 살아요. 먹이는 플랑크톤으로, 바닷물과 함께 빨아들여 아가미로 걸러서 먹지요.

총알고둥
갯벌의 바위에 무리 지어 살아요. 꽁무니가 뾰족해서 총알고둥이라고 불러요. 검정색과 갈색 등이 있지요.

암반 갯벌에도 여러 식물들이 살고 있어요. 사실 암반 갯벌이라고 해서 갯벌 전체가 바위나 돌멩이로 덮여 있는 것은 아니에요. 바위와 돌멩이 사이에 모래나 진흙이 꽤 있답니다. 그래서 진흙 갯벌이나 모래 갯벌에 사는 식물들도 흔히 볼 수 있지요.

암반 갯벌에 사는 식물들은 내륙 지방에 사는 식물들보다 줄기나 잎의 겉껍질이 유난히 두꺼워요. 또 겉면에는 식물의 기름으로 된 윤기 나는 층이 발달해 있어요. 뜨거운 햇빛에 물기가 날아가는 것을 막고, 짠 바닷바람에도 잘 견디기 위해서지요.

암반 갯벌 동물들은 어떻게 강한 햇빛을 이길까?

동물들은 보통 체온이 40도 이상 되면 몸의 단백질이 파괴되어 생명을 잃기 쉬워요. 갯벌 동물들도 마찬가지예요. 그런데 갯에는 햇볕이 매우 강렬하게 내리쬐어서 이를 피해 체온을 유지하려면 몸에 특별한 장치를해야 돼요.

따개비나 거북손, 굴과 같은 암반 갯벌 동물들을 보면 몸의 표면이 울퉁불퉁하고 밝은 회색이에요. 울퉁불퉁한 표면이 햇빛을 잘 산란시키고, 밝은 회색이 햇빛을 잘 반사하기 때문이지요.

암반 갯벌에 사는 식물들

억새
산이나 들의 메마른 땅에서 잘 자라요. 줄기와 잎이 매우 질기고 튼튼해서 지붕을 이는 데 사용했지요. 물가에서 자라는 물억새도 있어요.

해국
바닷가에서 자란다고 해서 '해변국'이라고도 해요. 녹색 잎 양면에 털이 빽빽이 나 있어 흰빛이 나지요. 7~11월에 연한 보라색 또는 흰색 꽃이 피어요.

곰솔
바닷가에서 자라는 소나무라고 해서 '해송'이라고도 불러요. 육지에서 자라는 소나무에 비해 나무껍질이 검은 빛을 띠고 거북의 등처럼 갈라져서 조각이 나 있어요.

우리나라 갯벌을 탐사해요!

앞에서 살펴보았듯이 우리나라의 갯벌은 서해안을 중심으로 곳곳에 펼쳐져 있어요. 진흙으로 된 갯벌, 모래로 된 갯벌, 암반으로 된 갯벌 등 종류도 아주 다양하지요.

그럼 이제부터 각 지역의 주요 갯벌들을 직접 탐사해 보아요. 지역마다 다른 특징들을 알아보고, 어떤 동식물들이 깃들여 사는지 들여다봐요. 자, 출발!

김녕리 파호이호이 용암 갯벌

순천만 갯벌

시화호의 공룡 알 화석

한눈에 보는 우리나라 대표 갯벌

크게 경기도, 충청남도, 전라북도, 전라남도, 제주도 지역으로 나누어 둘러볼 거예요. 우선 지도를 통해 갯벌의 크기와 주요 갯벌들이 어디에 있는지 한눈에 살펴보아요.

경기도 갯벌

경기도 해안의 갯벌은 모두 합쳐 1,000제곱킬로미터에 이르러요. 대표적인 곳으로 강화 갯벌과 시화 갯벌을 들 수 있어요.

전라북도 갯벌

군산에서 김제, 부안에 이르는 약 100제곱킬로미터의 해안이 갯벌로 이루어져 있어요. 대표적인 갯벌로는 새만금 갯벌과 곰소만 갯벌이 있어요.

제주도 갯벌

제주도 갯벌의 면적은 아직 체계적으로 연구된 바가 없어서 수치로 나타내기가 어려워요. 대표적인 갯벌로는 이호리의 암반 갯벌, 김녕리의 파호이호이 용암 갯벌, 우도의 홍조단괴 갯벌 등이 있어요.

충청남도 갯벌

충청남도 해안의 갯벌은 모두 합해 500제곱킬로미터에 이르러요. 하지만 그중 약 40퍼센트가 이미 간척 사업으로 파괴되어 지금은 약 300제곱킬로미터만 남아 있어요.

전라남도 갯벌

전라남도 갯벌은 영광, 함평, 무안, 해남 갯벌 등 여러 곳으로 나누어져 있어요. 여기저기에 펼쳐져 있는 갯벌을 모두 합하면 약 1,000제곱킬로미터가 넘어요.

우리나라 갯벌 면적은 남한 전체 면적의 3퍼센트, 서울 면적의 6배에 해당하지.

갯벌이 가장 많은 지역은 전라남도!

우리나라에서 갯벌이 가장 많은 지역은 어디일까요? 바로 전라남도예요. 우리나라 갯벌 면적 2,900제곱킬로미터의 약 44퍼센트를 차지하지요. 경기도와 인천은 약 35퍼센트, 충청남도는 약 13퍼센트, 전라북도는 약 5퍼센트, 경상남도와 부산은 약 3퍼센트를 차지해요.

규모가 큰 경기도 갯벌

경기도의 갯벌은 우리나라(남한) 갯벌 면적의 약 1/3을 차지해요. 서울의 약 2배, 여의도의 약 118배에 해당하는 아주 큰 규모이지요. 볼음 갯벌, 강화 갯벌, 영종북 갯벌, 영종-용유 갯벌, 무의 갯벌, 인천 갯벌, 시화 갯벌, 대부 갯벌, 남양 갯벌 등 10개의 갯벌로 나누어 볼 수 있는데, 우리가 둘러볼 곳은 강화 갯벌과 시화 갯벌 두 곳이에요.

세계 주요 습지로 등록된 강화 갯벌

강화 갯벌은 인천의 강화도 근처에 펼쳐진 갯벌이에요. 강화도 인근 바다는 조차가 8미터나 되는 대조차 지역이고 한강, 임진강, 한탄강, 예성강 하구가 자리해 모래와 진흙이 아주 많이 실려 와요. 갯벌의 넓이가 약 300제곱킬로미터로 규모가 매우 큰 편에 속하지요. 바닷물이 빠져나간 간조 때는 해안에서 갯벌까지의 가장 긴 거리가 2~2.5킬로미터에 이르러 그 끝을 볼 수 없을 정도랍니다.

강화 갯벌에 속하는 장화리 갯벌이에요. 썰물 때 가서 보면 얼마나 넓은지 한눈에 알 수 있답니다.

강화 갯벌은 우리나라 갯벌 전체 면적의 10퍼센트를 차지할 정도로 넓단다.

여차리 벌판에서 쇠기러기들이 날아가는 모습이에요. 쇠기러기는 대표적인 겨울 철새로 수생식물이 우거진 갯벌 근처의 수로나 습지, 논밭에서 관찰할 수 있어요.

강화 갯벌은 특히 아시아 습지 보호 협약(Asian Wetland Bureau; AWB)에 등록된 세계 주요 습지 중 하나예요. 석모도, 볼음도, 주문도 등 섬 일대에 펼쳐진 갯벌 전체가 천연기념물 제419호로 지정되었지요.

갯벌이 천연기념물로 지정되기는 이번이 처음이야.

강화 갯벌은 진흙이 약 76퍼센트, 모래가 19퍼센트, 점토가 5퍼센트로 이루어져 있어요. 이렇게 주된 성분이 진흙이어서 갯벌에 영양분이 많고, 어패류가 풍부해요. 그래서 '호미 하나만 있으면 자식을 대학에 보낼 수 있다.'는 말이 생겨날 정도로 오랫동안 강화 주민들의 생활 터전이 되어 왔답니다.

강화 갯벌은 한강의 자연 정화조!

강화 갯벌은 한강의 끝에 이어져 있어서 매우 중요한 역할을 해요.
한강에서 들어온 온갖 오염 물질들은 강화도 앞바다에서 확산되고 분해되어 그 농도가 옅어진 다음 서해로 빠져나가는데, 이때 강화 갯벌에 사는 수많은 미생물들이 그것을 분해하는 역할을 한답니다.

여기서 잠깐!

알쏭달쏭, 정답을 찾아보세요!

다음 중 겨울철에 강화 갯벌에서 볼 수 없는 새는 무엇일까요? (　　　　)

청둥오리

쇠기러기

큰고니

개개비

도움말 5월쯤에 우리나라에 찾아와 여름을 나는 철새를 찾아보세요.

정답은 56쪽에

그런가 하면 이곳은 우리나라를 찾는 철새들의 중간 **기착지**이기도 해요. 봄과 가을에 이 지역을 지나는 철새들은 저 멀리 러시아의 툰드라 지역(철새들이 짝짓기를 하고 알을 낳는 번식지)에서 출발해 동남아시아나 오스트레일리아(철새들이 추운 겨울을 나는 월동지) 사이를 오가는 종류들로, 주로 도요새나 물떼새가 대부분이에요. 이들은 먼 곳을 오가는 중간에 강화 갯벌처럼 먹이가 많은 지역에서 잠시 머무르며 이동하는 데 필요한 힘을 얻지요.

선두리 선착장 갯벌의 모습이에요.

🦀 **기착지**
목적지로 가는 도중에 잠깐 들르는 곳이에요.

특히 화도면의 여차리와 황산도 앞 논밭은 겨울 철새가 자주 찾는 곳으로 유명해요. 청둥오리, 황오리, 혹부리오리, 쇠기러기 등이 대표적이지요. 또 강화 갯벌 인근에 있는 김포의 너른 들에는 재두루미와 황오리들이 무리 지어 살고 있답니다.

황산도 갯벌의 갯골은 생각보다 깊어서 잘못하면 빠지기 쉬워. 그러니까 절대 들어가면 안 돼.

황산도 갯벌에 발달한 갯골이에요. 황산도 갯벌은 강화도로 가는 초지대교 남단 일대에 있는데, 갯골이 잘 발달했어요.

시화호는 아주 커서 마치 바다처럼 보인단다.

시화호 모습이에요. 왼쪽이 시화 방조제이고, 오른쪽이 시화호예요.

공룡 화석이 발견된 시화 갯벌

시화 갯벌은 경기도 안산(시화 공단)과 대부도를 잇는 방조제를 서쪽 기준으로 삼고, 매송면 아목리를 동쪽 끝으로 하여 그 사이에 발달한 갯벌이에요. 총 면적은 약 200제곱킬로미터로 강화 갯벌보다 조금 작지만, 다른 갯벌에 비하면 큰 편에 속해요. 1994년에 방조제 공사를 마친 뒤 거대한 인공 호수인 시화호가 생겼답니다.

시화호를 찾은 고니(천연기념물 제201호)
고니 가족 다섯 마리가 고고한 자태를 뽐내며 다른 철새들과 함께 여유로운 한때를 보내고 있어요.

시화 갯벌은 사람들의 욕심 때문에 몸살을 앓았어요. 처음에는 경기도 시흥과 대부도를 잇는 11.2킬로미터의 방조제로 바다를 막아 육지와 거대한 민물 호수를 만들려고 했어요. 그리고 방조제 주변으로 농경지와 공업 단지를 조성한다는 환상적인 계획 아래 간척 사업을 벌였지요. 하지만 처음 계획대로 되지 못하고 시화호가 생명력을 잃으면서 **애물단지** 취급을 받았어요. 여러 곳에서 흘러 들어온 오염물 때문에 썩은 악취를 풍기는 '죽음의 호수'로 변했지요.

시화 갯벌을 개발하던 사람들은 크게 반성하고, 방조제에 물길을 터 시화호를 되살려 냈어요. 그리하여 죽음의 호수였던 시화호에 지금은

🦀 **애물단지**
몹시 애를 태우거나 성가시게 구는 물건 또는 사람을 가리키는 말이에요.

많은 생물들이 찾아오고 있답니다. 자연을 보호하려는 사람들의 노력으로 탄생한 인공 습지 갈대 공원은 철새들의 낙원이 되었어요. 방조제에는 세계 최대의 조력 발전소가 건설되었지요.

그런데 시화 갯벌을 개발하면서 한 가지 좋은 점이 생기기는 했어요. 바닷물이 빠진 곳에서 잘 발달된 중생대 퇴적 지층과 공룡 알 화석이 발견되었거든요. 무려 200개가 넘는 공룡 알 화석과 30여 곳의 알 둥지가 발견되었지요. 약 1억 년 전 중생대 백악기에 번성한 공룡들이 이곳에 모여 살았음을 짐작할 수 있는 중요한 유적이랍니다.

시화 갯벌 근처의 닭섬이에요. 이 일대에서 공룡 알과 둥지 화석이 발견되어 천연기념물 제414호로 지정되었지요.

공룡들이 이곳에서 살았다니 정말 놀라워!

그동안 우리나라에서 공룡 화석은 주로 남해안 일대와 경상도 지역에서 발견되었어요. 하지만 이곳에서 공룡 알 화석이 발견됨에 따라 공룡들이 그보다 훨씬 넓은 지역에 흩어져 살았음을 확인할 수 있었지요.

공룡 알 화석 보러 시화호로 출발!

시화호 공룡 알 화석으로 무엇을 알 수 있을까?

하나. 오랜 시간 공룡들이 모여 살았음을 알 수 있어요. 시화호의 공룡 알 화석은 같은 장소에서 층층이 발견되었어요. 중생대 때 같은 종류의 공룡이 오랜 세월에 걸쳐 계속 찾아와 집단으로 알을 낳았음을 알 수 있어요. 그런가 하면 거북이나 악어가 알을 모래 속에 낳아 놓고 그냥 내버려 둔 것과 달리, 공룡들은 새처럼 둥지를 틀고 그 속에서 새끼를 키웠음을 알 수 있지요.

둘. 옛날에 이곳에 강이 있었음을 알 수 있어요. 공룡 알은 보통 강의 상류에서 만들어지는 역암과 사암층에서 발견돼요. 이런 사실로 미루어 시화호가 지금은 바닷가 갯벌이지만, 옛날에는 물살이 세찬 강의 상류 지역이었음을 짐작할 수 있답니다.

여기서 잠깐!

무엇을 알 수 있을까요?

다음 사진을 보면 같은 종류의 공룡 알 화석이 각기 다른 지층에서 발견된 것을 볼 수 있어요. 이것으로 무엇을 알 수 있을까요? (   )

① 강물이 공룡 알 화석을 옮겨 와 한곳에 모았다.
② 같은 종류의 공룡이 오랜 세월에 걸쳐 같은 장소에서 알을 낳았다.
③ 이곳의 지층이 주변의 지층보다 높아지는 융기가 일어났다.

☞ 정답은 56쪽에

태안반도에 자리한 충청남도 갯벌

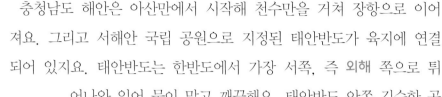

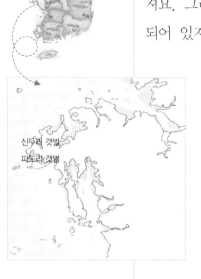

신두리 갯벌
파도리 갯벌

 외해
육지에서 멀리 떨어진 바다
라는 뜻이에요.

충청남도 해안은 아산만에서 시작해 천수만을 거쳐 장항으로 이어져요. 그리고 서해안 국립 공원으로 지정된 태안반도가 육지에 연결되어 있지요. 태안반도는 한반도에서 가장 서쪽, 즉 **외해** 쪽으로 튀어나와 있어 물이 맑고 깨끗해요. 태안반도 안쪽 깊숙한 곳에는 아산만과 천수만 등 넓은 갯벌이 자리해 있지요.

우리가 갈 곳은 신두리의 모래 갯벌과 파도리의 암반 갯벌이에요.

해안 사구가 발달한 신두리 갯벌

신두리는 태안반도 북서부에 있어요. 행정 구역으로는 태안군 원북면에 속하지요. 바닷가를 따라 길이 약 3.4킬로미터, 폭은 약 500미터~1.3킬로미터에 이르는 모래 갯벌이 잘 발달해 있어요. 북쪽에는 천연기념물 제431호로 지정된 '태안 신두리 해안 사구'가 자리해 있지요.

해안 사구는 바닷가에 이루어진 모래 언덕이에요. 해류나 조류가 실어 온 모래가 해안의 갯벌에 쌓여 이루어진 것이지요. 이곳 신두리의 해안 사구는 모래 갯벌을 따라 끝없이 길게 펼쳐져 있어요. 해안으로

신두리 모래 갯벌이 단단한 까닭은?

모래를 만드는 암석의 성질 때문이에요. 이곳의 암석들은 주로 편암이나 규암 등으로 매우 단단한데, 오랜 세월 침식과 풍화 작용을 받아 모래가 되면 크기는 작아지지만 원래의 단단함은 그대로 유지해요. 그래서 다른 암석이 만든 모래 갯벌보다 훨씬 단단하답니다.

신두리 모래 갯벌은 단단하기로 유명해요. 그래서 말을 타고 모래밭을 달리는 사람을 종종 만날 수 있어요. 몽산포에 가면 경비행기가 뜨고 내리는 모습도 심심찮게 볼 수 있답니다.

신두리 해안 사구 위로 풀이 덮여 있어요.

밀려온 모래가 2~3미터 높이의 낮은 언덕 모양을 이루지요.

이곳에 해안 사구가 잘 발달한 데에는 몇 가지 이유가 있어요. 첫째, 조차가 심해 넓은 모래 갯벌이 발달함에 따라 바람과 파도에 드러나는 면적이 넓어요. 둘째, 한강을 비롯한 많은 하천들이 서해로 흘러 들어오면서 실어 온 모래가 해류를 타고 신두리 쪽으로 들어와 모래 양이 많아졌어요. 셋째, 겨울 계절풍인 강한 북서풍이 모래를 잘 모아 주어요.

신두리 모래 갯벌에는 특히 해당화 군락이 잘 발달해 있어요. 그래서 정부에서는 이곳에 많은 돈을 들여 생태 공원을 만들었어요. '자연과 인간이 소통하고 상생하는 생태 공원'이라고 해요. 해안 사구 생태 안내 시설과 귀화 식물 군락지, 탐방로 등이 있답니다.

하천
강과 시내를 아울러 이르는 말이에요.

상생
조화를 이루는 것을 뜻해요.

귀화 식물
원래 살던 곳에서 다른 곳으로 옮겨 와 잘 적응해 자라는 식물이에요.

해안 생태계의 파수꾼, 해안 사구

모래 갯벌에 이루어진 해안 사구는 해양 생태계에서 아주 중요한 역할을 해요. 태풍과 같은 강한 바람이 불어오거나 큰 파도가 밀려올 때 해안의 모래를 지키는 저장고가 되지요. 또 해당화 같은 해안 식물이나 개미귀신, 꼬마물떼새 등 곤충과 조류의 보금자리가 되기도 해요. 그런가 하면 육지와 바다의 완충* 지대로 해안 쪽에서 불어오는 바람으로부터 농토를 보호하고, 바닷물이 흘러 들어오는 것을 자연스럽게 막아 주기도 해요. 한마디로 말해서 해안 생태계의 파수꾼인 셈이지요.

*완충 : 서로 맞서는 것 사이에서 충돌을 누그러지게 함.

여기서 잠깐!

해안 사구를 찾아보아요!

신두리 해안 사구를 자세히 관찰하면 이중 구조로 되어 있음을 알 수 있어요. 앞쪽에 있는 해안 사구를 1차 사구 또는 전사구, 뒤쪽에 있는 사구를 2차 사구라고 해요. 신두리 해안 사구에 가서 직접 살펴보세요.

1차 사구(전사구)
바닷가의 모래가 쌓여 이루어져요.

2차 사구
1차 사구의 모래가 날아와 쌓여 이루어져요.

모오리돌은 '몽돌'이라고도 해.
매우 단단한 암석인
규암으로 만들어진 거야.

파도리 자갈 갯벌의 모습이에요.

조약돌로 이루어진 파도리 자갈 갯벌

태안군 소원면 남쪽 끄트머리 해안에 가면 파도리라고 불리는 예쁜 마을이 있어요. 그런데 이곳은 태안의 여느 해변과는 다른 모습을 보여요. 크고 작은 조약돌로 이루어진 아름다운 자갈 갯벌이 발달해 있지요. 넓은 갯벌이 모두 자갈로 이루어져 있답니다. 그래서 바닷물이 움직일 때마다 스르륵거리는 독특한 소리가 들리지요.

이렇게 모나지 않고 둥근 돌을 모오리돌이라고 하는데 파도리에서는 이 돌로 예쁜 장식품을 만들어요. 파도리 사람

'파도리'의 유래는?

이곳은 예쁜 자갈 위로 하얀 물거품이 이는 파도가 유난히 아름답게 느껴져요. 그래서 마을 이름도 파도가 아름다운 마을(里)이라 하여 지어졌답니다.

해옥으로 만든 장식품이에요.

들은 이 돌을 특히 바다의 옥이라 하여 '해옥'이라고 부르지요.

예전에는 자갈을 밖으로 가지고 나갈 수 있었지만 지금은 함부로 가지고 나갈 수 없어요. 그래서 장식품은 이 마을에서만 만들어 팔고 있답니다.

백령도 남포리의 콩돌 해안

태안의 파도리 해안에서 모오리돌이라고 부르는 돌을 인천 백령도에서는 '콩돌'이라고 불러요. 백령도에서도 특히 남포리 해안이 이 콩돌로 유명하답니다. 모오리돌로 이루어진 파도리 해안이나 콩돌로 이루어진 남포리 해안 모두 암반 갯벌의 하나로 볼 수 있지요.

남포리 콩돌 해안. 천연기념물 제392호로 지정되었어요.

남포리 해안의 콩돌도 규암인데, 파도리의 규암보다 조금 더 늦은 시기에 만들어졌어.

여기서 **잠깐!** **모오리돌은 어떻게 만들어질까요?**

굳기가 연한 암석은 비교적 짧은 시간에 쉽게 모래가 돼요. 하지만 아래 사진의 규암과 같이 굳기가 단단한 암석들은 조약돌처럼 모서리가 잘 다듬어진 자갈이 되었다가 아주 오랜 시간이 지난 뒤에야 비로소 모래로 변해요. 파도리 갯벌에 가서 모오리돌의 변화 과정을 직접 확인해 보세요.

가장 드넓은 전라북도 갯벌

전라북도 갯벌은 우리나라 갯벌 가운데 가장 광활하고 볼거리가 많아요. 폭이 작게는 몇 킬로미터에서 크게는 20킬로미터가 넘는 곳까지 다양하지요.

전라북도에서는 옥구 갯벌과 곰소만 갯벌에 가 볼 거예요. 그리고 20여 년 동안 숱한 문제를 안고 진행 중인 새만금 지구의 갯벌 개발에 대해 함께 고민해 봐요.

경운기 타고 조개 잡으러 가는 옥구 갯벌

옥구 갯벌은 군산 앞바다에서 오식도라는 섬까지 펼쳐진 넓은 갯벌이에요. 바닥이 딱딱한 모래로 되어 있어서 어민들은 경운기를 타고 한참을 바다 쪽으로 나가 조개를 캐지요.

옥구 갯벌의 모습이에요. 그리고 오른쪽 사진은 갯벌 개발로 황폐해진 옥구 염전 근처 갯벌의 모습이에요.

갯벌이 가장 넓은 곳은 고군산도라는 섬을 바라본 방향이에요. 약 20킬로미터까지 걸어갈 수 있을 정도니까 얼마나 넓은지 짐작이 가지요? 보통 바닷물이 빠지는 데 약 4~5시간이 걸리는데, 그리고 나서 20킬로미터를 걸어 나가 조개를 캐려면 시간이 턱없이 부족해요. 그래서 어민들은 보통 물이 빠지기 전에 배를 타고 나가 갯골의 수로에 닻을 내리고 기다렸다가, 물이 완전히 빠지면 배에서 내려 조개를 캐지요.

도요새의 한 종류인 흑꼬리도요예요.

옥구 갯벌은 한때 오스트레일리아와 뉴질랜드 등지에서 시베리아와 알래스카로 가던 도요새들이 1년에 두 차례 머물렀다 가는 곳으로 유명했어요. 특히 옥구 **염전**과 그 주변 만경강 하구 갯벌에 많이 몰려들었는데, 해마다 5월과 9월을 전후로 수만 마리의 도요새가 떼 지어 날아다니는 장관이 펼쳐졌지요.

도요새는 물갈퀴가 없어서 밀물이 되면 옥구 염전으로 와 몸을 피했다가, 썰물이 되면 갯벌에 나가 먹이를 잡는 별난 습성이 있어요. 그 모습을 관찰하는 재미가 쏠쏠했지요. 그런데 새만금 지구 개발로 옥구 염전이 문을 닫는 바람에 아쉽게도 지금은 더 이상 이런 모습을 볼 수 없답니다.

도요새뿐만 아니에요. 옥구 갯벌에 무성하게 자라던 칠면초 군락과, 그 사이에 난 작은 물길에서 먹이를 잡던 검은가슴물떼새, 흰목물떼새 · 장다리물떼새 등도 이제는 보기 힘들어졌어요. 철새들이 떠났으니, 갯벌에서 수십 년 동안 어부로 살아온 사람들도 머지않아 이곳을 떠나게 될 거예요. 그때는 아마 이곳이 갯벌이었다는 사실마저 잊혀지겠지요.

염전
'소금 염'과 '밭 전'자를 합친 말로, '소금을 만들어 내는 밭'이라는 뜻이에요.

염전은 소금을 생산하는 곳이지만 한편으로는 천연 습지의 역할을 하기도 해. 옥구 염전이 없어진 것은 그런 면에서도 무척 아쉬운 일이지.

염전이 유명한 곰소만 갯벌

　곰소만은 육지 쪽으로 깊숙이 들어간 만으로, 변산반도 아래에 있어요. 채석강에서 격포항을 지나 변산반도 남쪽 해안을 따라가면 호랑가시나무 군락지가 나오고, 그곳을 지나 계속 가면 곰소만이 나오지요. 곰소만에는 곰소 항구가 있어요. 1942년 태평양 전쟁 때 일본이 강제로 빼앗은 농산물과 군수 물자를 실어 나르기 위해 만든 항구예요. 그리고 그 근처에 곰소만 갯벌이 있답니다.

　곰소만은 원래 3개의 무인도로 되어 있었어요. 그런데 일본이 항구를 만들기 위해 둑을 쌓고 도로를 내어 일부 섬이 육지가 되었지요. 곰소 항구는 한때 전라북도 지역에서 군산 다음으로 큰 항구였어요. 하지만 갯벌에 모래와 진흙이 계속 쌓이면서 항구 역할을 하기 어렵게 되었어요. 그래서 지금은 규모가 아주 작아졌답니다.

곰소 염전은 바람과 햇볕이 풍부해 바닷물이 잘 말라요. 그래서 예부터 소금을 많이 생산해 왔지요.

소금을 보관하는 창고예요.

염전에 핀 소금꽃. 소금꽃 아래에 육면체의 소금 결정이 보여요.

곰소만 갯벌 주변에는 **천일제염**으로 널리 알려진 곰소 염전이 있어요. 또 곰소 염전의 질 좋은 소금으로 담근 젓갈을 파는 곰소 젓갈 단지가 조성되어 있지요.

곰소만 갯벌의 넓이는 약 40제곱킬로미터에 이르러요. 주로 고운 진흙으로 이루어져 있지요. 지형이 우묵해 물살이 느려서 입자가 가는 퇴적물이 쌓인 거예요.

곰소만 갯벌에는 아주 많은 종류의 해양 동물이 살고 있어요. 그 중 가장 많이 볼 수 있는 것은 서해비단고둥이에요. 이곳에 사는 동물의 약 95퍼센트를 차지할 정도로 많지요. 그 다음은 왕좁쌀무늬고둥이에요. 그 밖에는 민챙이 종류가 조금 살아요. 눈에 보이지는 않지만 유공충이라는 미생물도 아주 많이 산답니다.

 천일제염
소금을 만드는 방법의 하나예요. 염전에 바닷물을 끌어들여서 햇볕에 수분을 증발시켜 소금을 얻는 방법이지요.

서해비단고둥
껍데기에 구불구불한 회색 줄무늬가 있고, 매끄러운 광택이 나는 것이 비단처럼 아름답다고 해서 붙여진 이름이에요.

소금이 만들어지는 과정

염전은 크게 저수지, 증발지, 결정지로 구분해요. 이 과정을 거쳐 소금이 만들어지는 데는 약 20~25일이 걸려요.

저수지
밀물 때 바닷물을 저장해 두는 곳이에요. 이때 바닷물의 짠 정도는 50퍼밀(‰ : 천분율의 단위로 1,000분의 1을 뜻함.)이에요. 이곳에 모아 둔 바닷물을 긴 수로를 따라 증발지로 보내요.

증발지
햇볕과 바람을 통해 염도(소금기의 정도)를 높이는 곳이에요. 이곳에서 7~8일 동안 물을 증발시켜 염도를 높이지요. 그런 다음 '소금밭'으로 불리는 결정지로 보내요.

결정지
약 250퍼밀의 염분을 띤 소금 결정이 만들어져 바닥에 가라앉아요. 결정지에서 거둔 소금은 창고에서 1년 정도 물기를 없앤 뒤 실어 내요. 이것을 긁어 모은 것이 소금이지요.

갯벌이 사라지고 있어요!

갯벌은 지구에 사는 생물에게 매우 중요한 의미를 지닌 곳이에요. 그런데 사람들의 욕심 때문에 갯벌이 파괴되고 있어요. 갯벌을 생활 터전으로 해서 대대로 살아온 갯마을 사람들뿐 아니라 갯벌에 사는 수많은 생물들이 시름시름 앓고 있지요. 새만금 지구 갯벌을 통해 갯벌 파괴가 얼마나 심각한지 살펴보아요.

새만금 지구 갯벌(이하 새만금 갯벌)은 옥구 갯벌, 만경 갯벌, 동진 갯벌, 부안 갯벌을 통틀어서 부를 때 흔히 쓰는 말이에요. 그런데 이 광대한 지역에 20여 년 전부터 간척 사업이 진행되었어요. 새만금 갯벌에 군산과 김제, 부안을 지나는 총 길이 33킬로미터의 방조제를 쌓아서 땅을 넓혔어요. 이 사업이 끝나고 여의도 면적의 약 140배에 이르는 국토와, 연간 10억 톤에 이르는 담수를 확보할 수 있었다고 해요.

하지만 새만금 간척 사업으로 엄청난 면적의 갯벌이 사라지면서 해양 생태계가 큰 피해를 입었어요. 그 손실이 얼마나 되는지 가늠하기 어렵지만 피해의 징후는 일찍부터 곳곳에서 나타났어요. 새만금 방조제를 만들고 나서 망둥어·실뱀장어 같은 물고기가 사라져 버렸고, 백합이나 바지락 같은 어패류도 생산량이 대폭 줄었다고 해요. 그뿐 아니에요. 새만금 인근의 산이나 섬도 사라지고 있어요. 변산반도 국립 공원에 있던 해창산과, 비응도·가력도·야미도 같은 섬들은 사실상 지도에서 사라져 버렸어요. 또한 수천 킬로미터를 날아와 이곳 갯벌에서 한철을 보내던 왜가리, 쇠백로, 해오라기, 민물도요 같은 철새들도 그 수가 눈에 띄게 줄어들었지요.

방조제 준공 이후로 지금은 내부 개발 사업이 진행되고 있어요. 새만금의 앞날은 어떻게 될까요?

끝이 보이지 않을 정도로 긴 새만금 방조제예요.

여기서 잠깐!

갯벌 개발, 어떻게 생각하나요?

새만금 지구 갯벌의 개발 문제로 한동안 정부와 환경 단체, 새만금 지역 어민들 사이에 큰 다툼이 있었어요. 그런데 과거 정부는 강화 갯벌과 인천만 갯벌에도 세계 최고의 조력 발전소(인천만 조력 발전소)를 짓겠다 했어요. 그 때문에 정부와 지역 주민, 환경 단체 사이에 논란이 일었지요. 그런데 이 개발은 새만금 지구 개발과는 성격이 조금 달라요. 새만금 지구개발이 땅을 넓히기 위한 것이라면, 강화·인천만 갯벌 개발은 무공해 청정 에너지인 조력 발전을 얻기 위한 것이거든요.

다음은 강화·인천만 갯벌 개발에 찬성하는 주장과 반대하는 주장이에요. 각각의 주장을 읽고 자신의 생각은 어떤지 써 보세요.

교동도

강화 조력 발전소 부지

석모도

강화도

김포

인천만 조력 발전소 부지

동검도

장봉도

영종도

용유도

인천

갯벌 개발, 난 찬성이야!

조력 발전은 공해가 발생하지 않는 청정 에너지야. 엄청난 돈이 드는 원유 수입을 대체할 수 있을 뿐 아니라, 많은 양의 이산화탄소 배출량을 줄여 주므로 지구 온난화를 막을 수 있어. 또 공사 기간과 공사가 끝난 뒤에 필요한 수만 명의 인력 고용 효과도 얻을 수 있지.

갯벌 개발, 난 반대야!

조력 발전소가 건설되면 엄청난 면적의 갯벌이 바닷물에 잠겨 사라질 거야. 그러면 주민들이 생계에 큰 타격을 입게 돼. 또한 해양 생태계도 위기에 처할 거야. 녹조 현상이 생기고, 갯벌이 자연 정화 능력을 잃어 저어새를 비롯한 멸종 위기의 새들이 살 곳을 잃게 될지도 몰라.

나의 생각

곳곳에 흩어져 있는 전라남도 갯벌

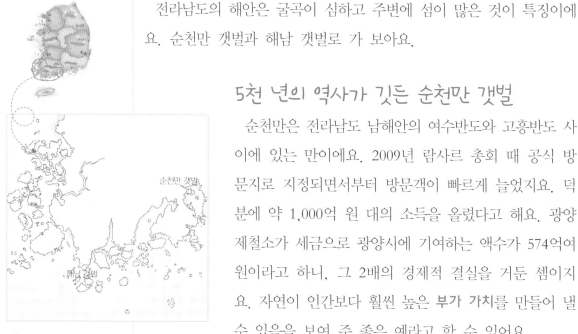

순천만 갯벌

해남 갯벌

전라남도의 해안은 굴곡이 심하고 주변에 섬이 많은 것이 특징이에요. 순천만 갯벌과 해남 갯벌로 가 보아요.

5천 년의 역사가 깃든 순천만 갯벌

순천만은 전라남도 남해안의 여수반도와 고흥반도 사이에 있는 만이에요. 2009년 람사르 총회 때 공식 방문지로 지정되면서부터 방문객이 빠르게 늘었지요. 덕분에 약 1,000억 원 대의 소득을 올렸다고 해요. 광양 제철소가 세금으로 광양시에 기여하는 액수가 574억여 원이라고 하니, 그 2배의 경제적 결실을 거둔 셈이지요. 자연이 인간보다 훨씬 높은 **부가 가치**를 만들어 낼 수 있음을 보여 준 좋은 예라고 할 수 있어요.

부가 가치
생산 과정에서 새로 덧붙여진 가치를 말해요.

순천만 갯벌의 모습이에요.

순천만 갯벌은 2006년에 국제 습지 조약(람사 조약)에 따른 습지 보호 구역으로 등록되었어.

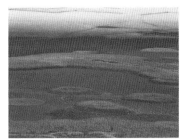
붉은색으로 보이는 곳이 칠면초 군락지, 초록색으로 보이는 곳이 갈대 군락지예요.

이곳 순천만에 펼쳐진 갯벌은 그 역사가 자그마치 5천 년이나 돼요. 지질학자들은 신생대의 마지막 빙하기가 끝난 뒤 우리나라 근처 바다의 해수면이 160미터쯤 높아졌을 것으로 짐작해요. 그 무렵부터 육지였던 서해가 바다가 되고, 강물을 따라 순천만으로 흘러 들어온 흙과 유기물 등이 바닷물에 의해 오랜 세월 동안 **퇴적**되어 지금의 넓은 갯벌이 된 것이지요.

순천만 갯벌은 칠면초와 갈대 군락지로 잘 알려져 있어요. 둘 다 염생 식물로, 해안과의 거리에 따라 자라는 지역이 다르지만 같은 곳에서 자라기도 해요. 칠면초는 우리나라 남서 해안에서 자라는 한해살이 식물로 무리 지어 자라요. 줄기는 높이 10~50센티미터 정도로 곧게 자라며, 줄기와 더불어 몸 전체가 붉은색을 띠어 갯벌을 붉게 물들이지요. 8~9월에 줄기나 가지 윗부분에 꽃이 피는데, 처음에는 녹색을 띠다가 분홍색을 거쳐 점점 자주색으로 변한답니다.

퇴적
암석 조각이나 생물의 사체 따위가 물이나 빙하, 바람에 의해 옮겨져 일정한 곳에 쌓이는 것을 말해요.

철새들의 안식처, 갈대 군락

순천만의 갈대 군락은 약 30만 평에 이르러요. 우리나라에서 가장 넓고 잘 보전되어 있지요. 갈대 군락은 적조*를 막는 정화 기능을 해요. 또 겨울의 찬바람을 막아 줘 물고기들의 보금자리가 되지요. 그리고 이들을 먹고 사는 바닷새와 희귀 철새들의 안식처가 되고 있답니다.

*적조: 플랑크톤이 갑자기 늘어 바닷물의 색깔이 바뀌는 현상.

여기서 잠깐! 나는 누구일까요?

나는 칠면초와 비슷하게 생긴 한해살이 식물이에요. '바닷가에서 붉은빛으로 물드는 나물'이라는 뜻의 이름을 가지고 있어요. 7~8월에 노란빛을 띤 녹색 꽃이 핀답니다. 나는 누구일까요?

(   )

☞ 정답은 56쪽에

겨우 명맥만 유지하고 있는 해남 갯벌

해남은 우리나라에서 가장 남쪽에 있는 땅이에요. 그곳에 해남 갯벌이 있어요. 이곳 역시 황산벌 갯벌 말고는 대부분 간척 사업이 진행되어 갯벌의 크기가 원래보다 훨씬 줄었어요. 일제 강점기부터 간척 사업이 시작되었고, 1980년대에 영산강 종합 개발 계획으로 약 90퍼센트의 갯벌이 사라져 버렸지요. 그래서 지금은 27제곱킬로미터 정도만 남아 있답니다.

넓은 해남 갯벌의 풍부한 먹이를 먹고 살던 철새들은 이제 고천암호로 발길을 돌리고 있어요. 늦가을이 되면 고천암호에는 많은 종류의 겨울 철새들이 몰려와요. 고천암호는 해남 갯벌에 간척 사업을 벌이면서 만든 인공 호수인데, 시베리아에서 오스트레일리아로 가는 철새들이 마지막으로 머물렀다 가는 곳이지요.

철새 관찰하기 좋은 시간!

우리나라 서해안 갯벌에는 철새들이 많이 찾아와요. 철새들이 떼 지어 날아다니는 모습을 보려면 새벽이나 해 질 무렵이 좋아요. 이때가 철새들의 식사 시간이거든요. 먹이를 찾아 함께 우르르 이동하는 모습이 장관을 이룬답니다.

넓은 해남 갯벌을 잊지 못해 해남을 찾은 철새들은 이제 고천암호에서 쉬었다 가지.

해질 무렵 수십만 마리의 가창오리들이 힘차게 날아오른 모습이에요. 마치 화려한 군무를 추고 있는 것 같아요.

그럼 이번에는 우항리의 공룡 박물관으로 가볼까요? 지금은 공룡 박물관이 들어섰지만 원래 이곳은 바다였고, 또 갯벌이었어요. 오른쪽 사진을 보세요. 바닥에 엎드린 공룡 모형 앞으로 담수호가 보이고 그 앞쪽으로 멀리 남해가 보이지요? 이곳 갯벌에서 공룡과 익룡 그리고 새들의 발자국 화석이 아주 많이 발견되었답니다.

박물관 안에는 커다란 공룡들의 발자국 화석이 많이 전시되어 있어요. 움푹 팬 발자국 안에 별 모양 구조가 남아 있는데, 이런 구조의 발자국 화석은 세계에서 유일하답니다. 발자국의 크기는 지름 52~95센티미터까지 다양해요.

우항리의 공룡 박물관 모습이에요.

박물관 안에 전시된 공룡 발자국 화석이에요.

익룡이 네 발로 걸었다고요?

익룡은 중생대에 살았던 파충류로 하늘을 날아다녔어요. 이제까지는 익룡이 새처럼 두 발로 걸었다는 주장이 널리 알려져 왔어요. 그런데 이곳 우항리에서 발견된 익룡 발자국을 보면 앞발자국과 뒷발자국이 모두 뚜렷하게 보여요. 이것은 익룡이 네 발로 걸었음을 의미하는 매우 중요한 증거이지요. 우항리 공룡 박물관에 가서 익룡의 발자국을 찾아보세요.

신비하고 독특한 제주도 갯벌

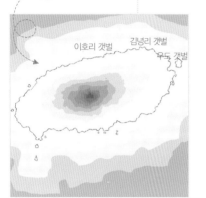

제주도에 가면 다른 나라에 온 것 같은 느낌이 들어요. 육지와는 다른 기온과 습도, 색다른 식물들 때문이지요. 갯벌도 마찬가지예요. 제주도에는 육지에서 보기 힘든 특이한 갯벌들이 발달해 있답니다.

지금은 사라진 이호리의 암반 갯벌과 우도의 홍조단괴 갯벌, 김녕리의 파호이호이 용암 갯벌로 가 보아요.

돌담을 두른 이호리의 암반 갯벌

이호리의 암반 갯벌에 가면 이중으로 둥그렇게 두른 돌담을 볼 수 있었어요. '문수물'이라고 쓰여진 안쪽 돌담은 지하수인 용천수를 담기 위한 것이고, 그 바깥쪽으로 넓게 두른 돌담은 물고기를 잡기 위한 것으로 '원담'이라고 불렀어요. 용천수와 원담은 모두 제주도의 갯벌에서만 볼 수 있는 것들이에요. 옛날 제주도의 가난한 백성들이 마실 물과 먹을거리를 얻기 위해 만든 것이지요. 안타깝게도 이호리 갯벌은 2002년 유원지 개발 사업지로 지정되어 매립되었어요.

원담은 원으로 쌓은 돌담이라고 해서 붙여진 이름이야.

이호리의 암반 갯벌의 옛날 모습

우도의 홍조단괴 갯벌 모습이에요.

천연기념물로 지정된 우도의 홍조단괴 갯벌

우도의 홍조단괴 갯벌은 해안선을 따라 펼쳐져 있어요. 폭은 약 15미터, 길이는 수백 미터에 이르지요. 이 갯벌은 학술적 가치가 높아서 천연기념물 제438호로 지정되었답니다.

홍조단괴는 바다에 사는 조류 가운데 하나인 홍조식물이 광합성 작용을 할 때 탄산칼슘이 가라앉아 만들어진 알갱이에요. 홍조단괴 갯벌은 이 알갱이들이 태풍 등의 큰 바람에 실려 와 바닷가에 쌓여 이루어진 것이지요. 이 하얗고 작은 알갱이들을 암석이 아닌 바다 생물이 만들었다니 정말 놀랍지요?

홍조단괴는 지름이 1센티미터 정도인 것부터 5~8센티미터 정도인 것까지 매우 다양해요.

김녕리의 파호이호이 용암 갯벌

제주도의 갯벌은 대개 화산 활동으로 만들어진 현무암으로 된 곳이 많아요. 그래서 육지에서 보는 갯벌과는 바닥의 모양이 많이 다르지요. 마그마가 육지로 나와 기체 성분이 빠져 나간 것을 용암이라고 하는데, 용암은 구성 성분과 온도에 따라 지표(땅의 표면)에서 분출되어 움직이는 모양이 달라요. 그에 따라 만들어지는 지형도 달라지고요. 대표적인 예가 파호이호이 용암과 아아 용암이랍니다.

파호이호이 용암은 온도가 높고 점성이 낮아서 넓게 골고루 잘 퍼져 나가는 용암이에요. 이 용암이 흐른 뒤 만들어진 현무암 암반은 표면이 넓고 평평하며 층을 이루어요. 이런 지형을 제주도 말로 '빌레'라고 하지요. 파호이호이 용암 갯벌에는 곳곳에 용암이 흘러간 물결 모양이 보이는데, 그것을 잘 보면 용암이 어느 방향으로 흘러갔는지 알 수 있어요.

🦀 **분출**
세차게 쏟아져 나오는 모양을 가리키는 말이에요.

파호이호이 용암에 나타난 물결 모양이에요.

김녕리 해수욕장 주변에 이루어진 파호이호이 용암 갯벌이에요.

파호이호이 용암은 아아 용암에 비해 평평해.

그런가 하면 아아 용암은 상대적으로 온도가 낮고 점성이 높아서 멀리 퍼져 나가지 못해요. 그리고 금방 식어서 표면이 아주 거칠고, 암석 부스러기로 된 화산암 지형을 이루지요. 이곳은 표면이 거칠고 돌이 뾰족해서 맨발로 밟으면 '아아' 하는 소리가 절로 나올 정도로 발이 아프답니다.

아아 용암이 물을 만나 갑자기 식으면, 갈라진 논바닥처럼 오각형이나 육각형의 기둥 모양을 이루는데, 그것을 '주상 절리'라고 해요. 제주도 해안에는 이런 주상 절리가 절벽을 이룬답니다.

'파호이호이'와 '아아'는 하와이 토속어에서 유래한 말이야.

여기서 잠깐! 우리나라 전통 고기잡이 방법을 알아보아요!

원담은 제주도에서 볼 수 있는 우리나라 전통 고기잡이 시설이에요. 이런 시설은 서해안에서도 볼 수 있는데, 독살이라고 불러요. 원담과 독살은 모두 바닷가의 지형과 조차를 이용해 고기를 잡는 시설이에요. 밀물 때 바닷물을 따라 들어와 썰물 때 미처 빠져나가지 못한 물고기들을 건져 올려 잡도록 만든 것이지요.

원담

독살

소중한 갯벌, 우리가 지켜요!

　가만히 있는 듯 보여도 수많은 생물들이 끊임없이 살아 숨 쉬는 생명의 땅, 갯벌. 우리나라 곳곳에 펼쳐진 신비롭고 아름다운 갯벌들을 돌아보니 어떤가요? 책을 가지고 당장이라도 갯벌 탐사를 떠나고 싶지 않나요? 갯벌이 얼마나 소중한지도 새삼 느꼈을 거예요.

　갯벌은 육지와 바다라는 두 세계가 만나는 곳으로 지구 생태계에서 아주 중요한 역할을 해요. 민물과 짠물이 교차해 물고기들의 중요한 산란장이 되고 그에 따라 어민들이 생계를 꾸려 갈 수 있어요. 뿐만 아니라 풍부한 먹이 덕분에 많은 동물들이 안정된 생태계를 이루며 살아가지요.

　그런가 하면 갯벌에 사는 다양한 미생물들은 오염 물질을 분해해 지구의 환경을 깨끗하게 만들어요. 하수 처리 비용으로 따져 보면 갯벌 1헥타르는 3백 84만 원의 비용을 줄여 줘요. 우리나라의 갯벌 면적이 총 23만 9천3백 헥타르 니까 약 1조 원의 비용이 절약되는 셈이지요. 그럼 이것을 지구 전체로 확대하면 어떨까요? 아마도 어마어마한 비용이 줄어들 거예요.

　따라서 갯벌을 막아 간척지를 만드는 일은 이제 그만두어야 해요. 독일은 모든 갯벌을 국립 공원으로 지정했고, 유럽과 북아메리카 지역에서는 막대한 돈을 들여 파괴된 갯벌을 되살리고 있어요. 그런데 우리나라는 아직도 대규모 간척 사업에 미련을 못 버리고 있으니 정말 심각한 문제이지요.

지금도 새만금에서는 간척 사업을 하고 있어요. 여의도 면적의 140배에 이르는 4만 헥타르의 갯벌을 메우는 사업이에요. 이 사업이 끝난다는 건 곧 우리나라에서 가장 큰 갯벌이 없어진다는 것을 의미해요.

사실 간척 사업은 일제 강점기의 잔재*예요. 일본은 우리나라에서 쌀과 소금을 강제로 빼앗아 가기 위해 갯벌을 탐냈고, 공유수면매립법이라는 이상한 법을 만들어 갯벌을 메웠어요. 그런데 이 법이 완전히 사라지지 않고 몇 차례 개정되면서 아직까지 남아 있는 거예요. 더군다나 간척 사업을 법적으로 뒷받침해 주기까지 한다니 더욱 안타까울 뿐이지요.

한 번 파괴된 갯벌은 과학이 아무리 발달해도 결코 되살릴 수 없어요. 갯벌은 지금 당장의 편리를 위해 개발해야 할 곳이 아니라, 다음 세대를 위해 잘 보존해야 할 더없이 소중한 보물임을 깨달아야 해요.

*잔재 : 과거의 낡은 사고 방식이나 생활 양식의 찌꺼기.

나는 갯벌 박사!

생태계의 보물 창고인 갯벌. 잘 알아야 잘 보존할 수 있겠지요? 이제 갯벌에 대해 배운 것들을 복습해 봐요. 문제를 풀면서 갯벌에 대해 얼마나 잘 알고 있는지 확인하고, 갯벌의 소중함도 다시금 느껴 보아요.

1 사리가 되게 해 보세요.

다음 천체들의 위치를 조정하여 우리나라의 서해가 사리가 되게 해 보세요.

달	지구	태양

2 알맞은 것끼리 연결해 보세요.

다음은 갯벌에 사는 동물의 이름과 사진, 주로 사는 곳의 종류예요. 알맞은 것끼리 줄로 이어 보세요.

동죽 ●   ●   ●   ● 암반 갯벌

왕좁쌀무늬고둥 ●   ●   ●   ● 진흙 갯벌

따개비 ●   ●   ●   ● 모래 갯벌

3 어떤 식물인지 알아맞혀 보세요.

다음 설명에 맞는 갯벌 식물을 **보기** 에서 골라 빈칸에 넣으세요.

보기	갯질경이	곰솔	방석나물	칠면초

(1) 바닷가에서 자라는 소나무예요. 육지 소나무에 비해 나무 껍질이 검은빛을 띠어요.

(2) 소금기를 몸에 저장하는 염생 식물로, 뿌리보다 줄기와 잎에 많이 저장해요.

(3) 빛깔이 푸른빛에서 붉은빛으로 변하는 식물이에요. 봄에 나온 어린 순은 나물로 먹어요.

(4) 잎이 길쭉하고 잎의 단면은 홀쭉한 반원 모양이에요.

4 십자말풀이를 해 보세요.

(십자말풀이 격자: ① ② ③ ④ ⑤ ⑦ ⑥)

세로열쇠

1. 암반 갯벌에 사는 동물이에요. 죽은 생물이나 바위 위에 버려진 음식 쓰레기 등을 먹어서 바닷가의 청소부라고 불려요.
3. 우리나라에서 갯벌이 가장 많은 지역이에요. 우리나라 갯벌 면적의 약 44퍼센트를 차지하지요.
4. 밀물과 썰물의 차가 가장 클 때, 즉 조차가 가장 클 때를 말해요.
7. 바닷물의 높이가 가장 낮은 때인 간조와, 바닷물의 높이가 가장 높은 때인 만조를 아울러 이르는 말이에요.

가로열쇠

1. 밀물 때는 바닷물에 잠겨 있다가 썰물 때 넓은 땅이 드러나는 곳 중 바닥이 모래와 진흙, 바위나 돌멩이로 이루어진 평평한 땅이에요.
2. 소금을 만들어 내는 밭이에요.
4. 모래 언덕이라는 뜻의 한자어예요.
5. 우리나라에서 가장 남쪽 땅에 있는 갯벌이에요. ○○ 갯벌
6. 옥구 갯벌, 만경 갯벌, 동진 갯벌, 부안 갯벌을 통틀어 부르는 이름이에요. 간척 사업으로 갯벌이 사라질 위기에 처했어요. ○○○ 지구

백점에 도전해 봐!

갯벌 체험, 준비에서 관찰 기록장까지!

책을 통해 갯벌에 대해 많은 것을 배웠지요. 자, 그럼 실제 갯벌 체험을 해봐요. 준비 단계에서부터 현장에서 관찰하고, 집에 돌아와 기록하는 방법에 이르기까지 알찬 갯벌 체험의 모든 과정을 소개할게요.

1. 준비하기

① 팀 짜기
갯벌 탐구는 혼자 하기 어려워요. 부모님, 선생님, 친구들과 함께하는 것이 좋아요.

② 탐사할 갯벌 정하기
탐사할 곳이 진흙 갯벌인지, 모래 갯벌인지에 따라 탐사 대상으로 삼을 생물과 환경이 달라져요. 신발이니 옷 등 준비물도 달라진답니다.

③ 자료 수집하기
탐사할 갯벌을 정했으면, 그곳에서 무엇을 탐사할지 가기 전에 자료를 수집해요. 인터넷이나 책을 통해 그 갯벌에 살고 있는 조개나 게의 종류, 염생 식물의 종류, 철새의 종류, 땅의 특징 등을 꼼꼼히 조사해요. 그렇게 모은 기초 자료를 파일로 만들어요.

2. 갯벌 탐사하기

① 물때와 날씨 확인하기
갯벌에 도착할 시간을 미리 가늠해서 썰물 때인지를 반드시 확인해야 돼요. 또 비가 올지 맑을지 등 날씨도 확인해 두세요.

② 사진과 동영상 촬영하기
4명이 한 조로 움직여요. 한 사람은 사진 촬영, 한 사람은 동영상 촬영, 한 사람은 관찰 기록, 마지막 한 사람은 안내자 역할이에요. 디지털 카메라와 휴대폰 등으로 탐구할 생물을 촬영해요. 동물들의 집이나 파 놓은 구멍 등은 사진으로 찍고 먹이를 잡거나 도망가는 모습은 동영상으로 촬영해요.

3. 관찰 기록장 만들기

관찰한 내용과 미리 모아 둔 자료를 바탕으로 컴퓨터를 이용해 관찰 기록장을 만들어요. 장소별로 구성해도 좋고, 갯벌에서 관찰한 생물별로 구성해도 좋아요. 찍어 온 사진과 《갯벌》 책 뒤에 있는 〈숙제를 돕는 사진〉을 활용하세요.

날짜	7월 20일	관찰 장소	강화 갯벌

1. 갯벌의 특징

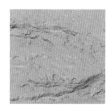
진흙으로 되어 있고, 흙 색깔은 거무스름하다.

흙 표면에 동물들이 파 놓은 구멍이 많이 있다.

2. 관찰한 동물

동죽
둥그스름한 삼각형 모양으로 생겼다. 껍질의 바깥쪽은 회색빛이 돌고, 안쪽은 하얗다. 껍질에 나 있는 검은 선은 동죽 조개의 나이를 나타낸다.

민챙이
껍데기는 달걀 모양으로 일부만 얇게 덮여 있다. 고둥류에 속하지만 껍질이 퇴화해 다른 고둥류와 달리 나선탑이 없는 것이 특징이다.

3. 관찰한 식물

퉁퉁마디
마디가 굵고 퉁퉁해서 '퉁퉁마디'라고 불린다. 잎과 가지는 거의 구별이 안 되고, 색깔은 전체적으로 녹색이다. 잎을 살짝 깨물어 보니 짠맛이 났다.

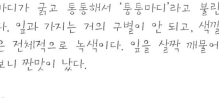
겉표지를 붙여서 책으로 묶으면 멋진 관찰 기록장 완성! 정리한 것을 카페나 홈페이지, 블로그에 올리면 디지털 관찰 기록장도 문제없다고!

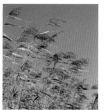
갈대
뿌리줄기의 마디에 갈색 수염뿌리가 많이 나 있다. 줄기는 마디가 있고 속이 비었다. 잎은 가늘고 길며 끝이 뾰족하다. 3미터 정도로 키가 큰 것이 특징이다.

정답

나는 갯벌 박사!

1 사리가 되게 해 보세요.

지구-달-태양 순으로 나란히 놓여요.

2 알맞은 것끼리 연결해 보세요.

동죽 — 임반 갯벌

왕좁쌀무늬고둥 — 진흙 갯벌

따개비 — 모래 갯벌

3 어떤 식물인지 알아맞혀 보세요.

⑴ 바닷가에서 자라는 소나무예요. 육지 소나무에 비해 나무 껍질이 검은빛을 띠어요.
(곰솔)

⑵ 소금기를 몸에 저장하는 염생 식물로, 뿌리보다 줄기와 잎에 많이 저장해요.
(갯질경이)

⑶ 빛깔이 푸른빛에서 붉은빛으로 변하는 식물이에요. 봄에 나온 어린 순은 나물로
먹어요. (칠면초)

⑷ 잎이 길쭉하고 잎의 단면은 홀쭉한 반원 모양이에요. (방석나물)

4 십자말풀이를 해 보세요.

	①			②	③
	갯	벌		염	전
	강				리
④				⑤	
사	구			해	남
리		⑦			도
		간			
	⑥				
	새	만	금		

사진 출처

손영운 2p(갯벌 전경), 7p(사진 모두), 20p(굴, 총알고둥), 26p(장화리 갯벌), 27p(여차리 벌판의 쇠기러기), 28~35p(사진 모두), 38p(곰소 염전), 39p(소금 창고, 소금 결정), 40p(새만금 방조제), 41p(순천만 갯벌), 42p(칠면초와 갈대 군락), 44~48p(사진 모두), 49p(원담)

주니어김영사 17p(갯잔디, 칠면초, 방석나물), 18p(집게), 19p(갯질경이, 해당화, 모래지치, 갯메꽃), 20p(따개비, 갯강구), 21p(억새, 곰솔), 43p(해홍나물), 55p(진흙 갯벌 전경, 진흙 펄, 갈대)

이학곤 16쪽(밤게, 동죽, 바지락, 농게), 18p(맛조개, 왕좁쌀무늬고둥), 39p(서해비단고둥), 55p(민챙이, 퉁퉁마디)

김현태 27p(청둥오리, 쇠기러기, 큰고니, 개개비), 37p(흑꼬리도요)

소금박물관 39p(저수지, 증발지, 결정지)

이찬귀 36p(옥구 갯벌 모두)

엔싸이버 포토박스 6p(짱뚱어)

유로크레온 21p(해국)

중앙포토 49p(독살)

초등학교 교과서와 관련된 학년별 현장 체험학습 추천 장소

1학년 1학기 (21곳)	1학년 2학기 (18곳)	2학년 1학기 (21곳)	2학년 2학기 (25곳)	3학년 1학기 (31곳)	3학년 2학기 (37곳)
철도박물관	농촌 체험	소방서와 경찰서	소방서와 경찰서	경희대자연사박물관	IT월드(과천정보나라)
소방서와 경찰서	광릉	서울대공원 동물원	서울대공원 동물원	광릉수목원	강원도
시민안전체험관	홍릉 산림과학관	농촌 체험	강릉단오제	국립민속박물관	경희대자연사박물관
천마산	소방서와 경찰서	천마산	천마산	국립서울과학관	광릉수목원
서울대공원 동물원	월드컵공원	남산골 한옥마을	월드컵공원	국립중앙박물관	국립경주박물관
농촌 체험	시민안전체험관	한국민속촌	남산골 한옥마을	기상청	국립고궁박물관
코엑스 아쿠아리움	서울대공원 동물원	국립서울과학관	한국민속촌	서대문자연사박물관	국립국악박물관
선유도공원	우포늪	서울숲	농촌 체험	선유도공원	국립부여박물관
양재천	철새	갯벌	서울숲	시장 체험	국립서울과학관
한강	코엑스 아쿠아리움	양재천	양재천	신문박물관	남산
에버랜드	짚풀생활사박물관	동굴	선유도공원	경상북도	남산골 한옥마을
서울숲	국악박물관	고성 공룡박물관	불국사와 석굴암	양재천	롯데월드 민속박물관
갯벌	천문대	코엑스 아쿠아리움	국립중앙박물관	경기도	국립민속박물관
고성 공룡박물관	자연생태박물관	옹기민속박물관	국립민속박물관	이화여대자연사박물관	삼성어린이박물관
서대문자연사박물관	세종문화회관	기상청	전쟁기념관	전쟁기념관	서대문자연사박물관
옹기민속박물관	예술의 전당	시장 체험	판소리	천마산	선유도공원
어린이 교통공원	어린이대공원	에버랜드	DMZ	한강	소방서와 경찰서
어린이 도서관	서울놀이마당	경복궁	시장 체험	화폐금융박물관	시민안전체험관
서울대공원		강릉단오제	광릉	호림박물관	경상북도
남산자연공원		몽촌역사관	홍릉 산림과학관	홍릉 산림과학관	월드컵공원
삼성어린이박물관		국립현대미술관	국립현충원	우포늪	육군사관학교
			국립4·19묘지	소나무 극장	해군사관학교
			지구촌민속박물관	예지원	공군사관학교
			우정박물관	자운서원	철도박물관
			한국통신박물관	서울타워	이화여대자연사박물관
				국립중앙과학관	제주도
				엑스포과학공원	천마산
				올림픽공원	천문대
				전라남도	태백석탄박물관
				경상남도	판소리박물관
				허준박물관	한국민속촌
					임진각
					오두산 통일전망대
					한국천문연구원
					종이미술박물관
					짚풀생활사박물관
					토탈야외미술관

4학년 1학기 (34곳)	4학년 2학기 (56곳)	5학년 1학기 (35곳)	5학년 2학기 (51곳)	6학년 1학기 (36곳)	6학년 2학기 (39곳)
강화도	IT월드(과천정보나라)	갯벌	IT월드(과천정보나라)	경기도박물관	IT월드(과천정보나라)
갯벌	강화도	광릉수목원	강원도	경복궁	KBS 방송국
경희대자연사박물관	경기도박물관	국립민속박물관	경기도박물관	덕수궁과 정동	경기도박물관
광릉수목원	경복궁 / 경상북도	국립중앙박물관	경복궁	경상북도	경복궁
국립서울과학관	경주역사유적지구	기상청	덕수궁과 정동	고성 공룡박물관	경희대자연사박물관
기상청	경희대자연사박물관	남산골 한옥마을	경상북도	국립민속박물관	광릉수목원
농촌 체험	고창·화순·강화 고인돌유적	농업박물관	경희대자연사박물관	국립서울과학관	국립민속박물관
서대문자연사박물관	전라북도	농촌 체험	고인쇄박물관	국립중앙박물관	국립중앙박물관
서대문형무소역사관	고성 공룡박물관	서울국립과학관	충청도	농업박물관	국회의사당
서울역사박물관	충청도	서울대공원 동물원	광릉수목원	롯데월드 민속박물관	기상청
소방서와 경찰서	국립경주박물관	서울숲	국립공주박물관	몽촌토성과 풍납토성	남산
수원화성	국립민속박물관	서울시청	국립경주박물관	민주화현장	남산골 한옥마을
시장 체험	국립부여박물관	서울역사박물관	국립고궁박물관	백범기념관	대법원
경상북도	국립서울과학관	시민안전체험관	국립민속박물관	서대문자연사박물관	대학로
양재천	국립중앙박물관	경상북도	국립서울과학관	서대문형무소 역사관	민주화 현장
옹기민속박물관	국립국악박물관 / 남산	양재천	국립중앙박물관	서울역사박물관	백범기념관
월드컵공원	남산골 한옥마을	강원도	남산골 한옥마을	조선의 왕릉	아인스월드
철도박물관	농업박물관 / 대법원	월드컵공원	농업박물관	성균관	서대문자연사박물관
이화여대자연사박물관	대학로	유명산	롯데월드 민속박물관	시민안전체험관	국립서울과학관
천마산	롯데월드 민속박물관	제주도	충청도	경상북도	서울숲
천문대	몽촌토성과 풍납토성	짚풀생활사박물관	서대문자연사박물관	암사동 선사주거지	신문박물관
철새	불국사와 석굴암	천마산	성균관	운현궁과 인사동	양재천
홍릉 산림과학관	서대문자연사박물관	한강	세종대왕기념관	전쟁기념관	월드컵공원
화폐금융박물관	서울대공원 동물원	한국민속촌	수원화성	천문대	육군사관학교
선유도공원	서울숲	호림박물관	시민안전체험관	철새	이화여대자연사박물관
독립공원	서울역사박물관	홍릉 산림과학관	시장 체험 / 신문박물관	청계천	중남미박물관
탑골공원	조선의 왕릉	하회마을	경기도	짚풀생활사박물관	짚풀생활사박물관
신문박물관	세종대왕기념관	대법원	강원도	태백석탄박물관	창덕궁
서울시의회	수원화성	김치박물관	경상북도	해인사 고려대장경과 장경판전	천문대
선거관리위원회	승정원일기 / 양재천	난지하수처리사업소	옹기민속박물관	호림박물관	우포늪
소양댐	옹기민속박물관	농촌, 어촌, 산촌 마을	운현궁과 인사동	유니세프 한국위원회	판소리박물관
서남하수처리사업소	월드컵공원	들꽃수목원	육군사관학교	무령왕릉	한강
중랑구재활용센터	육군사관학교	정보나라	이화여대자연사박물관	현충사	홍릉 산림과학관
중랑하수처리사업소	철도박물관	드림랜드	전라북도	덕포진교육박물관	화폐금융박물관
	이화여대자연사박물관	국립극장	전쟁박물관	서울대학교 의학박물관	훈민정음
	조선왕조실록 / 종묘		창경궁 / 천마산	상수허브랜드	상수도연구소
	종묘제례		천문대		한국자원공사
	창경궁 / 창덕궁		태백석탄박물관		동대문소방서
	천문대 / 청계천		한강		중앙119구조대
	태백석탄박물관		한국민속촌		
	판소리 / 한강		해인사 고려대장경과 장경판전		
	한국민속촌		화폐금융박물관		
	해인사 고려대장경과 장경판전		중남미문화원		
	호림박물관		첨성대		
	화폐금융박물관		절두산순교성지		
	훈민정음		천도교 중앙대교당		
	온양민속박물관		한국에너지기술연구원		
	아인스월드		한국자수박물관		
			초전섬유퀼트박물관